スピリチュアルメッセージII

死することの真理

江原啓之

JN052785

祥伝社黄金文庫

まえがき

あなたは、死とは何かを考えたことがありますか。

私は幼き頃に、すでに両親を亡くしています。そのため死は、私にとって、とても身近な存在でした。スピリチュアル・カウンセラーとして生きている今日でも、それは変わりありません。

私のもとを訪れるご相談者のなかには、重い病などを抱える方々も多くいらっしゃいます。身近な人を亡くした方々も訪れます。そのためつねに、私は死というテーマと向き合っているのです。

まだ若輩でありながらも、私はこれまでの人生のなかで、多くの人の死への旅立ちをも見守ってきました。

死とは何か――。

私は生まれてから今に至るまで、そのことをずっと考えてきたように思います。

私は生来、霊能を有しておりました。それゆえ、この人生のなかで、前書『スピリチュアルメッセージ～生きることの真理』でも書いておりますように、昌清霊《まさきよれい》との出会いもありました。

その事実が幸いして、私は「死後生」を探求することができました。

そして、その探求は、今もなお続いています。


いまや私にとって、死後生はあるか否か、などの議論は不毛です。

死の意味を深く知れば知るほど、もっと大切なことが見えてきたからです。

その大切なこととは、「今をどう生きるべきか」にほかなりません。これこそが、私の最大の関心事です。

この本『スピリチュアルメッセージⅡ～死することの真理』の著者は、正確にいうと、前書と同じく、「私」であって「私」ではありません。

私の指導霊《ガイド・スピリット》であり、良き助言者でもある昌清霊のメッセージを、私の肉体を通してお伝えしたものです。

つまり、この本に記された言葉は、純然たるたましいの言葉、真のスピリチュアルメッセージなのです。

あなたもまた、私と同じように、死とは何かを考えたことがあるのではないでしょうか。

今まさに、その疑問を抱きながら、この本を手にした方もおられましょう。

また、生きることに虚《むな》しさを感じている方もおられましょう。

そのようなとき、どうかこの本を何度でも開いてみてください。

きっとあなたの疑問に、理解の光が注がれることでしょう。

それをどう受けとめ、人生にどう反映させるかは、人生の主人公であるあなた自身の「思い」しだいです。

あなたの命は、ただ漠然と生まれてきたわけではありません。そしてあなたの人生のさまざまな経験は、虚しく無へと帰結するのではありません。

死後を知ることは、生きることに安心という力を与え、充実した人生を勝ち得る道を開いてくれます。

この本を読まれることで、たましいの存在に気づき、あなた自身にもともと備わっているスピリチュアルな感性がさらに高まる――それによって、あなたの人生がさらなる明るい希望に満ちることを、心から願っております。

江原啓之

本書を読まれる前に

本書の内容について

本書は江原啓之氏とその指導霊《ガイド・スピリット》である昌清霊《まさきよれい》との交霊会の記録をまとめたものです。指導霊とは、みなさんがよくご存じの守護霊のなかのひとりです。

昌清霊は戦国の世に生き、もともと京都御所護衛の職にある武士で、のちに出家をし、修験道《しゆげんどう》の行を積み、加持《かじ》による治療に長《た》けていた人でした。

江原氏と昌清霊の交信は約20年前から始まり、その間約2年の期間を除いて、現在まで数多く行われています。

交霊会では、まず参加者全員で「聖フランチェスコの祈り」を唱え、しばらくの間精神統一をしてから江原氏を通して語られる昌清霊の言葉を待ちます。交霊後、それぞれの参加者の質問に対して、江原氏を通して昌清霊の言葉が語られていきます。

本書の言葉の使用法について

実際に江原氏を通して語られる言葉のなかには、いまでは使われなくなったものが混じっています。

明らかに意味が伝わりにくいものについては、現代の言葉に置き換えましたが、読んで意味がわかるものについてはそのままにしました。

スピリチュアルメッセージⅡ——目次
死することの真理

第1章　死後の旅路
——この世を去ったたましいは、どんな旅を続けるのか

第2章 光の懐に抱かれて
――「死」のときを、いかにして迎えるか

第3章 メッセージの真実
――この世とあの世、二つの世界をつなぐもの

装丁　盛川和洋

はじめに――「死後の世界」について

■「幽世」とは何か

本文をお読みいただく前に、昌清霊《まさきよれい》に代わって私から、この本のメインテーマである死後の世界のあらましについて、少しだけ説明させていただきます。

昌清霊の通信では、死後の世界を表すのに、読者の方々にはおそらくあまり耳慣れない「幽世《かくりよ》」という言葉が使われています。

死後の世界は、実は幾重もの層からできているのですが、通信ではそのすべてが「幽世」と総称されているのです。

しかし「幽世」の姿を理解されていない方にとって、本書は、ある程度の予備知識がなくては非常に読みにくいですし、「幽世」について上の層も下の層も混同したまま読まれることになりかねません。そこで、私から前もって、死後に私たちがたどる道筋を説明させていただきながら、「幽世」の大まかな区分、構造をここに記すことにいたしました。

昌清霊による霊訓と、長年にわたる心霊研究を照らし合わせた上での私の説明により、本文をより深く、ご理解いただけるのではないかと思います。

■死後、たましいがたどる道

昌清霊が「現世《うつしよ》」と呼ぶのは、私たちが今生きているこの世界、「この世」です。これは「現世《げんせ》」という読み方で、一般にもよく使われています。

心霊研究では、これを「現界《げんかい》」と呼んでいます。

これに対して、昌清霊の通信に出てくる「幽世《かくりよ》」とは何かというと、死後の世界、つまり「あの世」のことです。このなかにはさらに、「幽現界《ゆうげんかい》」「幽界《ゆうかい》」「霊界《れいかい》」「神界《しんかい》」という、大まかに四つの世界が含まれます。

これを順番に見ていきましょう。

人が死すると、たましいはこの「現界」を離れて、まず「幽世」のなかの「幽現界」へ行きます。「幽現界」は、そのあと行くことになる「幽界」と「現界」とが、重なり合ったところです。人が死者を見送るときに、よく「四十九日まではまだこの世にいる」といわれますが、それはこの「幽現界」にいるということなのです。「現界」に執着をもつたましい、いわゆる幽霊がさまよっているのもこの世界です。

昌清霊は、この「幽現界」から先すべてを「幽世」と呼んでいます。

そのあと、いよいよ、たましいは「幽界」へ旅立ちます。ここから先こそが、本格的な死後の世界だといってもよいかもしれません。

「幽界」のなかにもさまざまな層があります。そのたましいの人格が高いほど高い層へ、低いほど低い層へ行くことになります。よく「天国」、「地獄」といいますが、実際にそういう場所があるわけではありません。どうやら「幽界」のなかでも高い部分が「天国」、低い部分が「地獄」といわれていることが多いようです。

しかしたましいは、その後、この「幽界」をも離れて、「霊界」へと旅立ちます。そしてやがて、みずからのたましいのふるさとである「類魂《るいこん》」に帰結します。（「類魂」については、『スピリチュアルメッセージ～生きることの真理』で解説しておりますので、ご参照ください。）

「類魂」は、やがてさらなる向上を望み、その一部を分けて再び「現界」へ送り、新たな人生のなかでたましいを磨きます。このプロセスは「分霊《ぶんれい》（分《わ》け御霊《みたま》）」とか、「再生」と呼ばれます。

心霊研究によると、こうして私たちのたましいは、何度も何度も再生をくり返しながら磨かれていき、やがて「神界」へ移行するとされています。

以上が死後のあらましです。昌清霊の通信にある「幽世」にも、「幽現界」「幽界」「霊界」「神界」の区分があるということが、おわかりいただけたと思います。

本書では、特に第1章によく出てくる「幽世」という言葉が、「幽世」のなかでも特定の層を指している場合は、「幽世（幽現界）」「幽世（霊界）」というふうに、カッコ内に説明を入れておきました。同じ流れのなかでくり返し「幽世」が出てくるときは、初出の「幽世」にのみつけました。

何もカッコ書きのない「幽世」は、これら（死後の世界）全般を指していると思ってください。

■たましいの姿かたちについて

死後のプロセスを、今度はたましいの姿かたちという観点から見てみましょう。

現世を生きる私たちは、「肉体」を持つと同時に、それと重なり合うようにして「幽体」「霊体」を持っています。これが人間の「霊的構成」です。

「肉体」は、私たちが普通に見て使っている身体です。これは、いわば「現界（現世）」を生きる間の、たましいの乗り物。私たちが呼ぶ「死」は、この「肉体」を捨てるだけのことにすぎません。

死とともに「肉体」を捨てたあと、私たちの姿は「幽体」となります。幽霊と呼ばれる存在は「幽体」で現れているのです。ですから「幽霊が出た！」というのは、正式にいえば「幽体のたましいが出た！」となります。

「幽体」は、「幽現界」と「幽界」にいる間に必要な、たましいの乗り物です。

しかしたましいは、やがていつか、みずからの姿への執着をも捨てます。そして「幽体」を脱ぎ捨てて、姿のない、光のみの「霊体」になります。これがいわゆる「第二の死」と呼ばれるプロセスで、これによりたましいは「幽界」から「霊界」へ移行するのです。

高級なたましいほど、姿ではなく光で見えるものですが、それはすでに姿を脱ぎ捨てたためです。もっとも「霊界」の高級霊は、私たちの前に現れるときに、わかりやすいように「姿」をとることもできるそうです。

■「大御霊達」について

昌清霊の通信には、「大御霊達《おおみたまどち》」という言葉がたびたび出てきます。

これは、西洋の霊訓でいうところの「大霊《たいれい》」「神霊《しんれい》」と呼ばれるものであり、それらは「神」と総称されることもあります。

本書で昌清霊は、「大御霊達」と並んで、私たちになじみやすいように「神」という表現を使っているところもあります。もちろん特定の宗教の神を指しているわけではありません。

「大御霊達」は、ひらたくいえば、「幽世」の高級なたましいたち——このようにとらえていただければと思います。

私からの説明は、以上です。

ここから先は、どうぞ昌清霊の〝声〟に静かに耳を傾けてください。

第 I 章

死後の旅路

この世を去ったたましいは、どんな旅を続けるのか

生死の境をさまよって一命を取りとめた人たちが、
さまざまな「臨死体験」を、世界中で報告しています。
まばゆい光のトンネルをくぐり抜けた。
お花畑を歩いていくと、川の向こう岸で、
死に別れた家族が手を振っていた。
一生のことが走馬灯《そうまとう》のように思い出された――など、など。
私たちがこの世を去ったら、
本当に、このような体験をするのでしょうか。
そして、臨死体験者たちが見た世界のさらに先には、
どんな世界が待っているのでしょうか。

1 死後の経験は十人十色。死を受け容れていれば望ましくことが運ぶ。

人は死んだあと、本当に臨死体験者の報告例のような経験をするのですか。

死の直後の経験は、まさに人それぞれに違う。

およその者（ほとんどの者）は、まず死する瞬間は、闇《やみ》、もしくは美しい光のなかに溶け込んでゆくなり、筒を通り抜けるような感覚を得よう。

それが死する瞬間、いわば肉体から離れるときじゃ。それはある意味、この現《うつし》世《よ》（この世）に生まれるときに似ている。

そしてそれを抜けきったとき、離れたという感覚になり、ある者は、覚醒《かくせい》し、みずからの死体を外から見ることになる。これが、一番望ましいかたちやもしれぬ。

そのような死に方のできる者は、およそ死というものを受け容《い》れている者じゃ。

この現世にあるときから、死とはそのようなものと認識している者がそうなる。

そして、もはや体をもたぬたましいは、残してきた家族、友人などに、ひととおり挨拶《あいさつ》してまわるのじゃ。

訪れられたほうの人間には、何かを感じる者もあろう。

しかし、まったくわからぬ者もあろう。

死後の経験は人それぞれ。死というものを受け容れている人ほど、望ましいかたちで進む

たましいが肉体から離れた瞬間、私たちはどんな感覚を味わい何を目にするのでしょうか。

たましいが肉体を離れたとき、人はまず、えも知れぬ喜びを得ることは確かじゃ。そして、見えるものはすべて新鮮、かつ鮮《あざ》やかじゃ。

ただ、別の存在になるわけではない。

たとえばぬし（あなた）ならば、ぬしの身体から抜け出ただけじゃ。

先の話の続きになるが、およその者は、体を抜け出たあと、外からみずからの姿を見ることとなろう。

しかし、みずからの姿を見ることのない者たちも多数いる。

それはなぜか。

みずからのたましいというものを理解し、死後の世界を認識して死する者と、そうでない者とがいるからじゃ。

すべては心が秤《はかり》じゃ。

いわば、死後の世界を認識せずに死んだ者、死んだみずからの姿を見て錯乱《さくらん》するであろう者は、みずからの姿を見ることはできぬのじゃ。

肉体を抜け出たときに、その喜びを感じられるたましいには、みずからの姿を見、喜びを得てもらう。

そうではなく、死んだみずからの姿が、かえって混乱、錯乱を生むであろう者には、その喜びは与えぬ。なぜならば、現世こそすべてと思うておる者は、その姿にうなずくことはできなかろうから。混乱するであろうから。

すべては愛のうちに、思慮深く判断される。

多くの人は、たましいが肉体を離れればまず喜びを得、死んだみずからの姿を見る

私たちが「あの世」へ行っても、「この世」での記憶は残っていますか。

幽世《かくりよ》（幽現界もしくは幽界）に着いたばかりのころは、現世《うつしよ》での記憶は鮮明じゃ。幽世においては、たましい以外の苦しみは、当然ながらない。肉体がないゆえ、本来肉体の苦しみはない。

およその者にあるのは、たましいの苦しさだけなのじゃ。肉体的な苦しみを経て死した者、また、精神的な苦しみをより強く残した者で、その苦しみに対しあまりにも執着強き者は、それをいわば「脱色」するときが必要となる。

心の苦しみを、まず癒《い》さねばならぬのじゃ。

「脱色」を行わされるということは、どういうことか。

あるいっとき、休ませられるということじゃ。ぬしら（あなたがた）の感覚でいえば、ある意味で眠っているような様子になる。そのなかで一つ一つ、「諦《あき》める」作業を進めていくのじゃ。

そう、諦めるのじゃ。

未練、執着、苦しみ。これらを解《と》きほぐしたあとに、初めて目覚めがある。なぜかといえば、死して肉体の苦しみがなくなっても、苦しい思い出にさらされる者もいるのじゃ。

長く患《わずら》った者は、思い込みのなかで、今でも苦しいと信じておる。死して肉体なき感覚に慣れていないのじゃ。いまだに肉体のある思いで、患った場所が苦しいと思っておる。

そしてまた、さまざまなことがらに執着をもち、さまよう者もいれば、さまよわずとも、その苦しみにまだあえいでいる者もいる。

それらのたましいを、その思い出から断ち切るには、時間がかかるのじゃ。

この現世のなかでは、時間というものが過ぎていけば、みずからが執着していたものが消えていく。

しかし幽世には時間がないのじゃ。たとえ百年経とうとも、幽世においては一瞬の思いじゃ。ゆえ、「脱色」は必要なのじゃ。

そして、「脱色」が終わり、執着、苦しみから解放される。目を覚ます。

最初から覚醒《かくせい》する者も、そうでない者も、覚醒したあとはしばらく、感覚はこの現世のままじゃ。
むしろ現世よりも、身も心も軽やかじゃ。

あの世に着いてすぐは、この世の記憶は鮮明。
たましいはしばらく休ませられ、執着や苦しみを解く

自分が死んだことに気がつかずにいると、私たちはどうなるのですか。

みずからの死にいつまでも気づかず、覚醒《かくせい》を得ることができないたましいは、気の毒にも現世《うつしよ》（幽現界）をさまよい続ける。ぬしらのよく申す「幽霊《ゆうれい》」がそれじゃ。

そのたましいたちが死を受け容《い》れ、覚醒するのは大変じゃ。

そのような者に一番多いのは、病死ではない。病死であるならば、病《や》んでいる間に死への心の準備もできよう。

しかし、瞬時に死する者、事故死、他殺などを含《ふく》め、いわば死への準備なく、突然に肉体からたましいがはがされた者は、そのような錯乱《さくらん》に陥りやすいのじゃ。

だが、それらの者すべてではないぞ。すべてはたましいの経験、認識による。

ただ、準備なく死した者には、そのような者が多い、ということなのじゃ。

それからもう一つ、たとえ病死であってもさまよう者はある。

瞬時に死した者以外でさまようのは、みな「執着」ゆえじゃ。

いかような執着に阻《はば》まれて上に行けないか。ある者は財産、ある者は子、ある者は夫、その他愛する者や、恨《うら》みゆえの執着もあろう。

「未熟さ」が、さまようという現象をつくり出すのじゃ。

先にいった、幽体が離れるときの「えも言われぬ喜び」、それに対して、この執着のほうが勝《まさ》る者たち。それはそれは多い。

ただですら、この現世のなかでも強い執着に溺れて生きる者が多かろう。死してその執着が消えるはずもない。ぬしらはさまよう霊を特別視し、希少なる存在と思うやもしれぬが、そのような霊のほうが実は多いのじゃ。

死んだからといって、その性格が変わるはずもない。生きていようが死していようが同じじゃ。死んで、もし性格が一変するならば、それは本当の「死」じゃ。

しかし、肉体の死はあっても、たましいの死はないのじゃ。

たましいは永遠。となれば、その思いも永遠なのじゃ。性格そのままなのじゃ。

今、ぬしらは進歩しながら生きているが、肉体が死してからもそれは変わらず続いていく。もし、その途中で人格が突然変わるであるならば、それは死と同じことじゃ。

だが、たましいに死はない。

ただ、肉体より離れるだけのことじゃ。

肉体の死に気づかないたましいは、覚醒できずさまよう。
この世への執着が強い未熟なたましいも同じ

2 あの世はすべて感応の世界。思いの力で、みずからの環境が創られる。

親しかった人たちと別れたあとの一人ぼっちの「死後の旅路」は、寂しくはありませんか。

幽世《かくりよ》にはみな一人で来る。

しかし、現世《うつしよ》で死後を孤独と思っていた者はその思いを引きずるが（幽現界）、そうでない者には、孤独感は一切ない（幽界）。

なぜならば、霊的な見守りが常にあるからじゃ。そばにずっと付き添《そ》っているわけではなくとも、感覚的にはそれがわかるはずじゃ。

ぬしらがよくいうところの「守護霊」と呼ばれる者たちみなが、見守りをしているわけであるから。

必要あらば、守護霊はその者のそばにも来て、言葉もかける。

みずからの守護霊がどんな姿をしているか、今のぬしらにはわからないであろう。だが、会ったらわかる。現世のときとは違い、幽世（幽界）では、どの者たちも鮮《あざ》やかに勘《かん》が優れているゆえ、感覚でわかる。

幽世には、ぬしらの使うような「言葉」もない。すべてが「感応」による世界じゃ。瞬時に感応し、わかる。

もちろん肉体がないゆえ、声を発する声帯も持ち合わせてはおらぬ。しかし、言葉として語ろうとすれば、言葉のようにも聞こえる。

それはすべて精神の感応、たましいの感応なのじゃ。感応によってわかる。

ぬしらの世界でいうところの「テレパシー」というものじゃ。幽世は、感応（テレパシー）の世界なのじゃ。

つまり幽世では、「会う」といっても、姿を見て会うこともあれば、姿を見ずに会うこともある。このあたりは、ぬしらの感覚ではわかりにくいことであろう。

死に別れた家族や、かわいがっていたペットにも会える。

この場合も、会うという行為をとることもあれば、姿は見えないかたちで感応し合うということもある。

そして、会いたくない者には会うことがない。

お互いに相手を会いたい者と思ったときに、感応し合えるのじゃ。

あの世は感応《テレパシー》の世界。いつも霊的な見守りがあり、本来孤独感は一切ない

肉体が死んだあと、私たちはどんな世界へ行くのですか。

死してしばらく、およその者たちは、幽世《かくりよ》においてもこの現世《うつしよ》とほとんど変わらぬ世界（幽現界）で生きてゆく。

そこには、ぬしらの世にあるものはすべてある。

実は、幽世にあるものが、ぬしらの世界に表れているのじゃ。

町並みもあり、住むところもあり、ぬしらの現世での暮らしがそのまま残ってある。

まったく新たなる町で、新たなる人たちと生きていくことと、ぬしらには思えるであろう。が、そうではない。

現世で魚屋だった者が、ここでまた魚屋をしていたり、ということもある。

金の価値は存在せぬ。しかし、金を扱いたがる者もいる。

金は、払おうと思えば払える。だが払わなくともいい。生きてはいける。

なぜならば、食う必要はないゆえ。幽世では、現世の肉体ある者たちのような「必要」がないのじゃ。

そこは、幽世のなかでも、現世にきわめて近い層じゃ。

そのような現世に近い世界のなかにも、いくつもの世界がある。

みずからだけが生きる世界にいる者もある。

町並みから離れ、自然のなかに入っていく者もある。

思いの力、感応の力で家を持ちたい者は家を持ち、書物を読み暮らしたい者は書物を読む。学びたい者は学ぶ。

すべてが、みずからの「思い」による世界なのじゃ。

あの世には、この世にあるものはすべてある。
各自、思いの力で自分が生きたい世界を創り、過ごす

なじみのある「この世」と「あの世」が変わらない世界だということは、ほっとする反面、つまらない気もします。

幽世《かくりよ》に現世《うつしよ》と変わらぬ世界があるのは、なぜか。

それは、ぬしらのなかに、それを安らぎと思う者があるからじゃ。

ぬしらの思う店や町並みがすべてある。幽世のなかでもこうした世界は、「とらわれた心」により創《つく》られた世界である。

では、そのなかでの暮らしとは、どういうことか。

それは、ぬしらがこの現世《うつしよ》に対して大いなる執着をもてば、そういう世界に生きる、ということじゃ。

幽世をそういう世界でないと思う者は、もうすでにそこからは離れている。

幽世においても魚屋をすることが楽しいと思っているならば、現世に対する思いがあるということじゃ。魚屋が魚屋を、幽世に移ってでも、したいと思うということなのじゃ。

その者の心の必要、たましいの必要に応じて、幽世で住む世界が創られるのじゃ。

いわば、魚屋をすることを自己存在の理由としていた者が、死しても魚屋をし続けるのじゃ。なぜなら、そのような者は、魚屋をやっていなければ不安であるゆえ。

このように、心の必要、たましいの必要があれば、ここには何でもある。思いの力によって、木も、花もある。昼や夜もある。たましいが必要とするならば、雨や雪も降る。雨が降ることが必要と思うから、雨が降るわけじゃ。ものを買い、食うこともできる。しかし、現世の食うとは違い、虚《むな》しい。酒もタバコも、すべてある。ぬしらの世界にあるものは何でもある。それらがなければ不安な者は、そのなかで憩《いこ》うのじゃ。

この世への執着が強いたましいほど、あの世でも、この世に近い世界にいたがる

あの世では、私たちはどんな姿かたちで暮らすのですか。

幽世《かくりよ》（幽界）においては、すべての者はみな、みずからが一番はつらつとしていた世代の姿をとる。

人は死して間もないころは、死んだときのみずからの姿じゃ。

そして幽世に順応していき、みずからが解放を重ねてゆけばゆくほどに、今申したような、「一番輝かしい姿」へと、姿を変えてゆくのじゃ。

たとえば、年老いて幽世に逝《い》った者。

みずからが一番輝いていたとされる年齢、みずからに一番喜びがある年齢に、移っていく。

ある者は二十代、またある者は三十代、いや、ある者は四十代。

幽世には年齢がないのじゃ。

また逆に、幼くして死した者は、幽世のなかで成長し、一番輝いて見える年齢にまで成長する。現世《うつしよ》でいう十代、二十代の姿になる。

しかし、すべては感応の世界だけに、姿を変えようとも、変えなくとも、たましい同士にはお互いがわかる。

ぬしらには今、ぬしらに身近なたましいであっても、姿を見たことのない存在があろう。

たとえば先祖、流産したわが子。

しかしそれらのたましいも、顔は一度も見たことはなくとも、幽世へ行けば感応でその者とわかる。

もちろんなかには、死してのち、誰にも会いたいと思わない者もおる。人という存在自体が煩《わずら》わしいと思っている者が、そうじゃ。

個性は変わらぬのじゃ。

しかし、そのような者にも、感応はあるのじゃ。

あの世に順応していくにしたがって、人は、この世で自分が一番輝いていたころの姿になる

この世での家族や友だちなど、親しかった人たちと同じところで暮らせるのでしょうか。

幽世《かくりよ》においては、その者の心境により、いわば「心域」が違う。別の言い方をすれば、その者のたましいのあり方により、住むべき世界が違うということじゃ。

霊的世界は、すべてが「差別界」なのじゃ。みずからの心境により、心域が定められる。すべてが感応の世界ゆえ、みずからのたましいの感応に合わせて定められるのじゃ。

およその者たちは世俗的ゆえ、幽世においても、この現世《うつしよ》とほとんど変わらぬ世界で生きてゆくと、先にいうた。そこには町があるとも。

しかし、その町、「層」は、みずからの心境に合わせての町、層である。みずからのたましいと同じ心境の者たちが、同じ心域で暮らすのじゃ。ぬしらなら、ぬしらの心境に合った者たちと、ともに生きる所がある。

いわば、死したのちに住む世界は、個々のたましいの間に大きな差のある世界ではないということじゃ。

とはいえ、「個性」はみなバラバラじゃ。ゆえ、その点では、ほとんど、この現世と変わらぬといってもよかろう。

また別の言い方をすれば、ぬしらのこの現世より、「安全」な世界ではある。

現世で今、ぬしらと、ぬしらのまわりにいる者は、まるで心域が違うかといえば、そうでもなかろう。およそ、みな心境が同じで、みな同じ心域じゃろう。

となれば、ぬしらが暮らす日頃の世と、幽世はほとんど変わらぬということじゃ。

ときにぬしらが現世で遭遇《そうぐう》する、闇《やみ》の世界の者たちがいないぐらいじゃ。

あの世では、たましいのあり方により住む世界が違う。ともに暮らすのは、自分と心境の近い人たち

死んでからもずっとこの世と変わり映えのない世界にいると、退屈してきそうですが。

人は死して、ずーっと同じようなかたちで生き延《の》びるわけではないのじゃ。

そのような現世《うつしよ》に近い世界（幽現界）から、むしろ脱したい者、現世の執着より離れたい者は、先にいうた「脱色」をする。

そう思ったときには、別の「心域」に移るのじゃ（幽界）。

むしろ、そこからが、ぬしらの思うような「あの世」の姿やもしれぬ。

より、みずからのなか、内観（自分自身の心理や意識の動きを見つめる状態）で生きるようになっていくのじゃ。

もちろん、先に説明したような現世に近い世界を通り越して、はじめからこの心域に行く者も多い。

そして、みずからの内観で暮らす。

みずからの思いの力で、日々の衣服からすべてを選ぶことができる。

つまり、ぬしらの環境を、ぬしらの心、たましいの力によって創《つく》り出せるのじゃ。

そしてそこに集《つど》う者たちも、親和力によって出会っていくのじゃ。

新たなる友だちが誕生することもある。

そこをぬしらは、いわゆる「極楽浄土《ごくらくじょうど》」と思うてしまうことであろう。

みずからの親和力のみで集《つど》い、そして、みずからの思いのままに生きられるわけであるから。

この世への執着から離れたとき、人はより自分自身の内観で、思いのままに生き始める

3 この世への執着を一つ一つ捨ててたましいは、やがて幽体をも捨てる。

縄文時代や江戸時代など、古い時代に生きた人たちともあの世では一緒に過ごすのですか。

ぬしらがたとえば「江戸時代」と呼ぶような、過去の時代に生きた者たち。それらの者たちとぬしらが幽世《かくりよ》（幽界）において会うことは、なかなかないであろう。

なぜならば、その者たちは、すでに次なる進歩へ向かっていることが多いゆえ、もうすでに姿を持ち合わさぬことのほうが多いからじゃ。

ときに、そのような者が残っていたりもするが、そのような者たちだけが集まるところがあって、そこにおる。

なぜ、ぬしらが思うような古い時代の者たちがいないかといえば、「みずからの存在を捨てよう」と思うようになるからじゃ。

現世《うつしょ》から離れてゆけばゆくほどに、ぬしらはみずからの名前も忘れるようになる。

ぬしらの親しい者たちの名前をも、忘れてゆくであろう。

存在を忘れはしない。しかし、それらは思い出のなかに溶け込んでいってしまう。

みずからの存在は永遠に続く。ぬしらの考えも、変化しながらもぬしらのままじゃ。

しかし、変化はする。そのなかでぬしらが、さまざまなこだわりから一つ一つ抜けていくのじゃ。

そのこだわりがなくなったとき、何か決心をするわけではない、先に申したような、「脱色」をするのじゃ。

ぬしらがその思いを消していくごとに、いつの間にか、ぬしらは幽体を捨てる。

それが、「第二の死」と呼ばれるものじゃ。

ゆえ、すでに幽体を捨てた、古き時代の者たちには会うことがないというわけじゃ。

もちろん感応はできる。語らうこともできる。

姿を見ようとすれば、もちろん見ることもできる。

その者が生きた時代の姿として映ることもあるが、それをも捨てた者は、もはやチョンマゲも結《ゆ》ってはおらぬ。

古代人も、姿をすでに捨てている者だらけじゃ。

姿をもっている者たちは、よほどさまよい歩いている霊たちじゃ。

その格好をしていることが好きなたましいや、それがないと不安になるたましいじゃ。

たましいは、あの世で姿への執着を捨てると（第二の死）次の進歩に向かうため、古代の人に会うことは、まれ

では、昌清様《まさきよさま》は今、どのような姿をしていらっしゃるのですか。

わしも実は、もうすでに姿をもっておらぬ。

今、このようにここでしゃべっているが、しかしわしとて、幽世《かくりよ》（霊界）においては姿はないのじゃ。

姿をつくろうと思えばつくれる。しかし日頃は、たましいのみじゃ。

ゆえ、この現世《うつしよ》において、このように言葉を申すのに、どれほどの時間と訓練を要したか。

わしがいかなる時代に生きたかなどということには、もうまったく関心はない。

特に、肉体については長年使っていないがゆえ、扱い方は、まことに忘れた。

口を利くということすら、声を発するということすら、とうに忘れたものを一から覚えるゆえ、大変な作業なのじゃ。

ゆえ、古い時代の霊がぬしらの身体にいきなり降りてきて、しゃべることはない。

あったとしたならば、それは騙《だま》し。古い霊に見せかけた、悪いそのへんの霊のイタズラじゃ。

ぬしらに憑依《ひょうい》して語ることできるは、まだ現世の記憶が鮮明なたましいじゃ。

それ以外のたましいは、肉体は使えぬ。

なぜならば、使い方を忘れたからじゃ。

そしてそれらを忘れたときに、幽体をも捨て、たましいのみとなるのじゃ。


昌清霊はとっくに姿を捨て、今はたましいのみ。霊媒の肉体も容易には使えず、語るのも大変な苦労がいる

このようにお話しいただいていますが、昌清様《まさきよさま》は具体的にはどのようなご苦労をなさっているのですか。

わしが使う言葉の一つ一つ、そのほとんどは忘れた。覚えておる言葉もあれば、覚えていない言葉もある。覚えている言葉はそのまま使えるが、そうでないものは、この霊媒（江原）の知識から拾い出し、語るわけじゃ。

となれば、ある程度の言葉を理解している霊媒の脳が必要となる。そして、たましいをそこに溶け込ませ、霊媒の身体を借りて、語ってゆくわけじゃ。

口を動かすということすら、長い時間を経て忘れておるのじゃ。それを思い出さねばならぬのじゃ。

昌清霊は、この世の言葉を忘れてしまったので、霊媒の知識や語彙を利用しながら語っている

4 幽体を捨てたたましいは、類魂と溶け合いやがて「再生」へと向かう。

「第二の死」で幽体を捨てたあと、私たちのたましいはどうなっていくのですか。

幽体も捨て、霊体になったときには、ほとんど類魂《るいこん》との関わりのみとなる。すでに類魂を理解し、類魂のみとの感応のなかで生きてゆくようになるのじゃ。先に申したように、幽世《かくりよ》でも、この現世《うつしよ》と同じ生き方をしている間は、死しても死していないのと同じ。

ぬしらのいる現世は、わしから見れば、ぬしらのいうところの「地獄界」であるが、幽世でも、現世に近いところにいるうちは「地獄界」。

死しても、幽世の住人になりきれておらぬのじゃ。

幽体を捨て、類魂に溶け込む。そこから先が、本当の幽世の住人といえるのじゃ。

そのときには、わしらはもう幽体を捨てているわけじゃ。

類魂に会うということは、いわば溶け合って、感応するわけじゃ。みずからの前世、類魂すべてに感応し、類魂を理解するのじゃ。

その感覚は、現世でのぬしらの知識、頭では判断しきれぬであろう。

それは、ぬしらが瞬時にして、多くの類魂の知識を持ち合わせるということ。

ぬしらは、ぬしらの前と、前の前の、すべての類魂の知識をも内蔵することになるわけじゃ。すべてに感応しているわけじゃ。

となれば、いつの時代のことも、瞬時に思い出せるのじゃ。

しかし、それは細部にわたってではない。「本質」だけが残るのじゃ。

なぜならば先にいうたように、そのころには、もう名前などこの世的なことには、関心がなくなっているのだから。

たましいに刻まれた「経験」のみ、経験の本質のみが、残るのじゃ。

幽体を捨ててからが、本当の意味で、あの世の住人。類魂と溶け合い、すべての知識を持ち合わせるようになる

類魂《るいこん》と溶け合ってからは、
もはや「私」という一個人の
存在ではなくなるのですね。

さようじゃ。
古き霊たちは、ほとんどが、類魂《るいこん》というたましいのなかで溶け合っているのじゃ。
ゆえ、ぬしらがつねに心配するように、幽世《かくりよ》で「定員」があふれることはない。
住人が増えすぎて困るだろうという心配は、要《い》らぬということ。
たましいは「非物質」であるゆえ、そのような現世《うつしよ》的な発想はあてはまらぬ。

たましいは物質ではない。
だから、あの世で住人が増えすぎて困るということはない

私たちが類魂《るいこん》に溶け合うと、自分のたましいがもつ課題などすべてが見えてくるのですね。

さようじゃ。

そのときには類魂《るいこん》ばかりのところ（霊界）にいるわけであって、その心域のすべてを理解している。

となれば、そのときに決意するのが、「再生」であるのじゃ。

みずからの現世《うつしよ》でのあり方、そのすべてを熟知した上で、生まれたことの意味をも学び、再度、学びの足りなかったことを学ぼうと、再生を望むのじゃ。

再生を望んだときに、みずからの類魂たちとの語らいにより、分《わ》け御霊《みたま》（分霊）を現世に送る。

そして、その類魂により御霊を分けられた「部分」が、現世に生まれてくるわけじゃ。

類魂の一部分、すなわち分け御霊のカルマが、環境、時代を選び、ある程度の目的をもって生まれてくるのじゃ。
一方、幽世《かくりよ》（霊界）ではそれを、溶け合う類魂のなかから、感応力により見守ってゆくのじゃ。

類魂に溶け合うと、たましいは学びのため「再生」を決意する。どんな人生にするかは類魂と語らって決める

たましいが何度も再生をくり返し学び続けようとするのは、いったい何のためですか。

ぬしらは神であり、神から出《い》ずる者たちである。

そして神へと帰る、その親和力じゃ。

または、神のもつ粗《あら》い粒子といってもよい。

再生を続けるのは、その粒子の目を細かくするためじゃ。

そして、幾度も類魂《るいこん》へと帰結する。

その調和そのものである類魂として、神へ溶け込んでゆくものなのじゃ。

すべてのたましいが、神へ向かっている。最終的には、神への帰結を目指している。

これは、ぬしらの星（地球）も、宇宙全体をも、すべてを司《つかさど》る摂理なのじゃ。

「神」とは、一言で申せば、霊性向上をただひたすらに指導する「愛の力」であり、「親和力」でもある。

すべてが溶け込む類魂の祖《そ》、とでもいえよう。
または、摂理、法、力。
決して間違ってならぬのは、神という「人物」がいるわけではないということ。
神は力であり、摂理であり、法である。

たましいが再生をくり返すのは「神」を目指すため。神とは愛の力であり、親和力でもある

第２章

光の懐に抱かれて

「死」のときを、いかにして迎えるか

私たちの毎日毎日が、実は死に向かっています。
「おぎゃあ」と産声を上げたばかりの赤ん坊ですらそうなのです。
誰もがみな、次第に老い、病《や》み、寿命のときを迎えるでしょう。
事故や事件、自殺による死もあるでしょう。近年は
医療の進歩により、死のかたちは、ますます多様化してきました。
いずれにしても、いつか必ず、私たちはあの世へと旅立ちます。
その日そのとき、私たちの身に何が起きるのでしょうか。
「よく死ぬことは、よく生きること」といわれますが、
その日までを、どう過ごしたらよいのでしょうか。

1 老いや病は、あの世の光に帰結するための準備。忌み嫌うべきではない。

なぜ、人は老いていくのでしょう。老いることにも目的があるのですか。

老いるは朽《く》ちる、朽ちるは枯れる。
もちろん、目的は一つではないのじゃ。
「老いる」ということは、死への準備にはなる。肉体の衰《おとろ》えてゆく自覚も得る。
そして最後、幽世《かくりよ》に帰れるわけじゃ。

また、生まれ出《い》ずる目的のなかに、学びの一つとして「老いること」をもつ者もおる。

老いるとはどういうことか。

枯れるということじゃ。

ちなみに、現世《うつしよ》の肉体に固執しすぎる者に多いのが、長寿じゃ。

人は、悲しみを味わいながらも、老いるにしたがって、ものごとが必要でなくなっていく。

老いれば老いるほど、金がどれだけあっても使えないのじゃ。どれだけの食い物があっても食いきれぬのじゃ。

「まことの喜び」を理解していくという学びができるのは、老いることによるところが強かろう。

老いてゆくにしたがって、一番望ましく求めたいもの。

それは「愛情」じゃ。

なぜ老人が孤独なのか。使えない存在となってくるからじゃ。物質界では無用の存在となるのじゃ。

そのような思いをし、「まことの愛」を求める心が出《い》ずれば、それはその者の学びになる。
また、どれだけ愛に飢《う》え苦しんだかも、その者の学びじゃ。
すべて、意味があることなのじゃ。

人は老いるなかで、まことの喜びを理解していく。
愛情こそが、もっとも求めたいもの

病気にかかるのはどうしてですか。何か意味があるのですか。

まず一つは、幽世《かくりよ》に「帰る」という、その目的そのものが病の理由なのじゃ。人はこの現世《うつしよ》に生まれ出《い》ずるとき、必ず帰る時期も理解しておる。もちろん病もなく、事故もなく、突然に消えることもできよう。にもかかわらず、なぜ病というかたちをとるか。いわば、それが「終わりを告げる知らせ」の役割をも、果たすからじゃ。そしてもう一つ。残り残ったカルマの整理のために起こる病もある。または、たましいが肉体から抜け出るために、肉体を朽《く》ちさせる病。いわば「たましいの緒《お》」を切る段取りとしての病もある。このほか、みずからのたましいの反応が肉体に表れ、病となることも多いのじゃ。

病とは、このうちの一つということでなく、これらが幾重にも重なり合って起きるわけじゃ。

**病気は、いくつもの理由が重なり合って起こるもの。
あの世に帰る目的でもあり、たましいの反応でもある**

今のお話の最後にあった「たましいの反応」としての病気について、詳《くわ》しく教えてください。

肉体は乗り物であり、たましいの現世《うつしよ》における表現材料である。ぬしらの顔に表情があるように、身体にも表情がある。不機嫌な顔、喜んだ顔。肉体にも、みなあるのじゃ。

病も、喜んだ病――ほとんどないが――、怒りの病、悲しみの病、どれもみな、さまざまな身体の表現であるわけじゃ。

悦楽に走れば精神に。思い悩みが強ければ腫瘍《しゅよう》に。不満もそうじゃ。そのように、反応、または表現するわけじゃ。

たましいは肉体にその表現をさせながら、やがて幽世《かくりよ》に戻るべきときに、その段取りをもつくるわけじゃ。

ぬしらは病になると、治ること、しかもすぐに治ることを望む。もちろんであろう。病には苦しみが伴《ともな》うからじゃ。誰でもいやなことである。

しかし、みずからのたましいの歪《ゆが》みが身体を通して表現する以前に、それに気がつくべきなのじゃ。

顔と同様、身体にも表情がある。
病気は、たましいが肉体を使って表現しているメッセージ

では、病気を災《わざわ》いと思い忌《い》み嫌うのは間違いなのでしょうか。

さよう。

病はたましいの影の表れ。いたずらに忌《い》み嫌うものではない。

なぜ、病である身を呪《のろ》うか。

病に遭《あ》ったのはみずからのたましいじゃ。みずからが得た病を、なぜ愛し、見定め、温める気にはならぬか。

病の苦しさからの解放を望む心を「悪《あ》しき心」とはいわぬ。

問題は、病にあるみずからの「姿」をみじめと思い、呪っておることなのじゃ。

物質的視点で呪っておるのじゃ。

みじめと思う心とは何か。

傲慢《ごうまん》さじゃ。

みずからのたましいのなかにある影が病として表れたことを、みじめと思う傲慢さによって表現することに、苦しみがあるのじゃ。

病とは、みずからのたましいがその影を、いわばたましいの歪《ゆが》みを、肉体を使って表現しておるものじゃ。みずからのたましいのために、知らせておるわけじゃ。

その知らせに気づこうともせず、その「姿」を呪《のろ》うは、まこと愛なき傲慢さなのじゃ。

ぬしらは病を、災《わざわ》い、疫病神《やくびょうがみ》のようにとらえている。

しかし実は、みずからのたましいがみずからのたましいに与えておる「知らせ」なのじゃ。

疫病《えきびょう》と思うておるうちは、もがき苦しむ。それでもどうにもならなくなったとき、初めて人はたましいの歪《ゆが》みに気がつくのじゃ。

この現世《うつしよ》にあるさまざまな技《わざ》を、あの手この手とくり返し、それでもどうにもならなくなったとき、初めて気がつくのじゃ。

病気は、みずからのたましいの歪みの表れ。災いと思わず、その知らせの意味に気づくべき

2

生きること、死することの真理を知ってこそ、人生は充実する。

やがては老い、病《や》み、死ぬ。
そう決まっている「人生」とは、
いったい何なのですか。

日々のもがき、老い、病。
人はそのような学びをくり返し、やがて死に至る。
死は、光への帰結。この現世《うつしよ》など、ほんの少しの旅じゃ。
ぬしらは旅に出たことが幾度もあろう。

わしにもある。

旅には終わりがあるのじゃ。

さまざまな景色を眺め、さまざまな関わりをもち、さまざまな経験がある。その旅のなかで、良きことも悪《あ》しきことも、たくさんの学びがある。

人生も同じ。

人生とはただ、旅ということだけなのじゃ。

人生は、たくさんの学びを経て、死という「光への帰結」に向かう旅

毎日が慌《あわ》ただしく過ぎていきます。どうすれば、人生という「旅」を充実させられるでしょうか。

この現世《うつしよ》の時は実に短いのじゃ。

現世を去ったたましいは、みなそう思うておる。百まで生きようとも、みなそう思うておる。

生まれ出たと思えば、あっという間に暮れるのじゃ。現世は限りある物質世界ゆえ、あっという間に終わる旅なのじゃ。

そのなかでぬしが充実して生きようと思うならば、要点はまず一つ。「つねに死を見つめよ」ということ。

現世の者たちすべてが、日々死を見つめて生きるべきなのじゃ。いわば、終わりある旅、限りある旅であるということを知ることが大切じゃ。

そして次に、この現世の旅が終わったあと、すべてを失うのではないということ。里帰りなのじゃ。

この現世においてで得られたことで、幽世《かくりよ》に持っていけるは、感動と、経験のみじゃ。物質、または現世《うつしよ》の地位や名誉など、物質界の方便は、何一つ持ってはゆけぬ。

現世においてどのような偉人とされても、幽世では通用はせぬ。たましいには、物質の身《み》の丈《たけ》は通用せぬのじゃ。

すべてはたましいの経験、そして感動じゃ。何を喜び、何に泣き、何に気がついたか。その経験じゃ。

それを日々見つめる統一された目があれば、日ごと充実、幸せを感じるはずじゃや。

つねに死を見つめていてこそ、人生は充実する。あの世に持っていけるのは、たましいの経験と感動のみ

やはり死ぬのは怖いです。どうしたら、死を恐れずに受け容《い》れられるでしょうか。

「死」を受け容《い》れるためには、生きる意味を知り、充実した人生を歩むことなのじゃ。

なぜ死にたくないのか。

やり残したことがらがある、まだ経験を積みたい、という気持ちがあるからであろう。その思いでぬしらは生まれてくるはずであるから。

だのになぜ、人は毎日をそう思って生きぬか。

死を見つめぬ限り、人は充実した生を得られぬのじゃ。残された年があと一年となったとき、その一年は充実するのじゃ。ただ生き長らえればよいわけではない。

生きることの真理、意味を知らねばならぬのじゃ。そして、死することの意味も知らねばならぬのじゃ。それがわかっていなければ、五里霧中《ごりむちゅう》。

それを知ることにより、どのような安らぎも、また苦しみも、意味あることとして受け容れられよう。その積み重ねが必ず、人生への感謝、充実、喜びへとつながるはずじゃ。

幼稚な発想では、霊的真理はつかまえられぬ。大人のたましいでなければ、霊的真理は理解できぬのじゃ。

わしのこの言葉を残忍に思う者も多かろう。夢をなくす者も多かろう。霊的真理を知っていると思う者でも、そうであろう。

しかしこれは、残酷でも残忍でもない。

なぜならば、ぬしらに「永遠に続く苦しみ」はないからじゃ。幽世《かくりよ》に無限の喜びがあるから、いえることじゃ。

ぬしらの幸せは幽世にある。ぬしらは今、「死」の世界に生きているのじゃ。幽世こそ、「生」の世界なのじゃ。

生涯やまぬ苦しみはない。肉体の死をもって、必ずぬしらはまことの世界に帰れるのじゃ。

そこには苦しみはなく、ぬしらが受け容れさえすれば喜びの世界なのじゃ。

現世《うつしよ》だけで終わると思えば、さまざまな苦しみ、不満があろう。

しかし、現世で生きるときは実に短いときで、ぬしらにはその先があるのじゃ。

生きること、死することの霊的真理を知ってこそ人生は充実し、死を受け容れられる

3 死の瞬間、たましいは肉体を離れ痛みや苦しみからも解放される。

人の死の瞬間とは、どのようなものなのですか。とても不安です。

現世《うつしよ》において人の死に方さまざまあるように、死への道もまたさまざまなり。病を得て幽世《かくりよ》に渡る者。その他の事故、災害などで帰る者。今の世では、死に方も以前と比べて多様じゃ。一般には病によって、ぬしらのいう「死する」こととなるであろう。

病をもち、この現世における時のわずかなるを知り、死に向かう。

そのなかで、およその者たちは、死に向かう流れを、穏やか、かつ冷静に歩んでゆく自分に気づくことであろう。

ときには死することにもがき苦しむ者もおるが、およその者は、心穏やかに歩んでまいるはずじゃ。ぬしらはみな、それを不思議に思うであろう。

体力というものが落ち、力ゆるみ、死へ向かうから、と思うやもしれぬが、そうではない。

人は現世での知性、知識においては、幽世《かくりよ》のことなど、何も知らぬやもしれぬ。

しかし、たましいは理解しておるわけじゃ。ゆえ、たましいが肉体から浮き出てくるとともに、穏やかな死を迎える心持ちとなる。

あがく者が少ないのは、それがためじゃ。

多少の不安に襲われることもあるやもしれぬが、そのほとんどが穏やかに死するはずじゃ。

現世では、みな最期、穏やかに眠るように死んでいったという話が多いのは、それがためじゃ。

死とは、生まれる瞬間にござる。

ほとんどの人が心穏やかに死を迎えるのは、「死」をたましいのレベルで理解しているから

死の直前の昏睡《こんすい》状態にあるとき、たましいはどういう状態に置かれているのですか。

昏睡《こんすい》は、死に向かう道程《みちのり》として、必要なことがらじゃ。

いわば、旅立つための準備なのじゃ。

たましいにどのようなことが起きているのかといえば、昏睡のままに肉体から幽体が浮いてゆくのじゃ。そして、一つ一つの「たましいの緒《お》」を切ってゆく。

肉体と幽体には、目に見えぬ、いわば「つなぎ目」があるのじゃ。それが「たましいの緒」じゃ。

そのつなぎ目を一つ一つほどいていく作業があり、そのすべてが切れたとき、「死」を迎えるのじゃ。

死の直前の昏睡は、たましいが肉体から旅立つための準備

「たましいの緒《お》」はたくさんあるのですか。どうやってほどくのですか。

どの者にも同じ数だけ、たくさんある。

ただし、ぬしらの服でいうならば、ボタンのような中心である。

ボタンのような中心がある、のりづけされた紙を連想するとよい。

ぬしらが使う「ポイント」という言葉が、適切と思える。肉体の箇所、箇所、要所、要所に、幽体とのつなぎ目があり、そしてその他はくっついた状態であるわけじゃ。

死するときというのは、いわば、のりづけされた紙をはがしてゆくようなもの。

はがすときに、痛みはまるでない。

しかし、「もがき」は必要となる。

「たましいの緒」は肉体と幽体の要所要所にあるつなぎ目。死ぬときにほどくが、痛みはない

もがき苦しみ、うわごとを言いながら死にゆく人を見ていると、苦しそうで死ぬのが怖くなるのですが。

もがき苦しみ、うわごとをいう。これは、脳の誤作動じゃ。

脳はたましいが司《つかさど》っている。ぬしらは、脳を最高司令塔であるとかたくなに信ずるが、しかし、その脳をも操《あやつ》るのがたましいじゃ。

脳がすべての判断や行動を起こしているわけではない。たましいが脳を操っているのじゃ。幽体と肉体のずれが生じたときに、その誤動が起き、いわばたましいが、肉体という乗り物の正しき運転者となれなくなるのじゃ。

ぬしらが取り沙汰《ざた》する「ぼけ」などは、その最たるものじゃ。

脳が誤作動を起こすだけなのじゃ。たましいにおいては、何も変わらぬ。

最後のもがきすら、たましいの操りがうまくゆかなくなるためなのじゃ。なぜならば、肉体と幽体がかけ離れていき「たましいの緒《お》」を切りたいがためなのじゃ。

死を迎える者、死が近づいている者などは、ぬしらの目には見えぬやもしれぬが、肉体より幽体はしっかり浮き離れている。あとはつながっている緒を切るだけなのじゃ。

幽体と肉体がなかなかはがれぬ者が、はがれよう、はがそうと、もがくのじゃ。たとえ病《や》んだ部分があったとしても、幽体のなかでは、しっかりとつながっている場所もあるわけじゃ。それらをはがしきらなければ、死を迎えられないのじゃ。ぬしらが手を使わず衣服を脱ぐときに、どうするか。身をゆすり、ジタバタするであろう。それと同じこと。

その反応が出るだけであり、それを苦しみというのは、実は違う。また違う言い方をすれば、苦しんではおらぬ。それを見ているほうが、苦しいと判断してしまうだけなのじゃ。本人は苦しんではおらぬ。

もちろん、意識あるうちの苦しみは苦しみであるが、意識なきあとの苦しみは、実は苦しんではおらぬ。何の痛みも感じてはおらぬ。苦しみはない。

苦しみは肉体にあるからじゃ。

ゆえに、肉体から幽体が浮き出たときには、まるで苦しみはなくなる。

人が死の直前に意識のない状態でもがくのは、苦痛からではなく、たましいを肉体からはがすため

では、臨死体験者も、その体験をしている間は痛みを感じていないのですか。

幽世《かくりよ》の姿を見た、いわばぬしらの世界でいう「臨死体験」をした者たちは、みな心地よく、早く向こうへ行きたいと思うはずじゃ。

それはなぜかといえば、死というもの、そして幽世の真実の姿を知るからじゃ。

しかし、肉体はそうはさせてはくれぬ。

ゆえ、引き戻されてゆくわけじゃ。

臨死状態にある者を見守るまわりの者たちの目には、そのとき、その者の肉体は苦痛のような状態にあると映っていたはずじゃ。

しかし本人は、臨死状態のあいだに苦しみはなく、肉体に戻った瞬間に苦しさを感じたというはずじゃ。

臨死状態のなかでは、人は苦痛を感じない。
苦しいと感じるのは、たましいが再び肉体に戻った瞬間

病気による痛みや苦しみは、死の前段階としてどうしても必要なのですか。

肉体の苦しみは、死とは関係ない。

苦しみを得なければ死ねない、というものではないのじゃ。

いわば肉体の苦しみ、病の苦しみは、それぞれが負《お》い持てるカルマによるものじゃ。最後の最後まで、たましいの垢《あか》を落とすために、みずからの力をふりしぼるわけじゃ。

わしは、その苦しみに耐えよ、苦しみを除去することは一切するな、といっているわけではない。

だが、その苦しみに立ち向かう姿勢は必要なのじゃ。

ゆえ、死を迎えたときに、その解放感はそれ以上の喜びとなるはずなのじゃ。

肉体の苦しみ、痛みは、死を迎えたときの解放感を倍増させる

4
さまざまなかたちの「死」があるが、寿命そのものは変えられない。

医学の進歩によりある程度の延命が可能になりました。この延命について、どう思われますか。

ある程度は延命も認める。
「改善」ということ、「癒《いや》し」ということを目的とするならば。
ただ、「生き長らえる」ということのみが目的であるならば、それは賛成できぬ。
どのように生き長らえようと処置をしたところで、人は必ず死ぬ。

いわば、悪あがきなのじゃ。

現世《うつしよ》の者たちはそれで気が済《す》むやもしれぬが、実はそのたましい自体は、かえって気の毒じゃ。いつまでも、解放してやれぬままでいるわけであるから。

逝《い》くべきときには逝くべき。帰るべきなのじゃ。

どのようにつないだとしても、だからといって、何十年、何百年、生きられるわけではない。


たましいには帰るべき時期がある。死ぬときは死ぬ。生き長らえるためだけの延命は、望ましくない

定められた「寿命」はあるのですか。あるとすれば、それは人工的な延命により操作されうるものでしょうか。

残忍な話やもしれぬが、この現世《うつしよ》のたましいは、ある程度はみな、肉体を終わらせる時期を定めてきているのじゃ。

それが「寿命」じゃ。寿命は誰も変えられぬ。

延命をもってしても、ほとんどは変わらぬ。延命できた者がいたにせよ、それがもともとの、その者の寿命であったのじゃ。その流れ自体が、偶然のように見えるだけじゃ。

たとえれば、手術をしたから生き長らえたかといえば、それは、手術をしない道を見てはおらぬから、わからぬのじゃ。してもしなくても死ぬときは同じ。多少の差しかない。または、多少短くなることもある。

手術したから延びたと思うやもしれぬが、いや、したから短くなった、ということもある。

しかしいずれにせよ、わしらの視点からすれば、大差ないのじゃ。死を迎えることが大切であり、死に方の選択はさほど大きな問題ではない。死に方は、わしらはとわぬのじゃ。それぞれの者は、そのカルマにより、一番ふさわしい死に方を選ぶ。

いわば、ある時期に死ぬと定められた者が、病で死のうが、事故で死のうが、同じということじゃ。死した者は無惨《むざん》にも映る。そして、死ぬ必要もなかったとも映る。しかし、死するときは変わらぬのじゃ。

そして忘れてならぬのは、死、すなわち不幸ではないということ。

わしらから見れば、生、すなわち不幸なのじゃ。

人は、ある程度の寿命を決めて生まれてくる。
それは、いかなる医学の進歩によっても変えられない

臓器移植の是非について、昌清様《まさきよさま》はどう思われますか。私たちでは判断できません。

臓器の移植は医療の進歩じゃ。その努力までも否定するわけではない。

しかし霊的世界から見れば、あまり意味がない。

このことに限らず、すべてに共通する考えを伝えておくが、すべてにおいて大切なのは、「愛」と「経験」なのじゃ。

何に価値があるか。それは、いわば臓器移植を望む心の葛藤《かっとう》、「愛」、そしてその「経験」なのじゃ。

冷たいと思われるやもしれぬが、結果が大切なのではない。

ただ、死なれては困るという物質的な秤《はかり》で生き長らえさせたいか。それとも、その者により多くの経験を積ませたいという、無私の愛により、生かしたいと願うか。

これ、動機が違うぞ。

他者の臓器をただもらって生き長らえたいという、霊的真理に対する無知からくる、ただの利己主義なのか。それとも、他者の臓器の恩恵にあずかって、家族や世の中に対し貢献していきたいと、たましいから望むからなのか。

その「動機」と「経験」はまるで違う。

ゆえ、この問題をぬしらが判断するのは、なかなかに難しいのじゃ。

そのすべてを善《よ》し、悪《あ》し、と一言ではいえぬということじゃ。

しかし現世《うつしよ》では、生き長らえるは善、短命に終われば悪という、薄っぺらな考えしかない。

臓器をただ取り替えれば、生き長らえて幸いと思うておるが、霊的目的にかなう延命以外、幽世《かくりよ》から見れば、それは正反対。

死、すなわち幸いなのじゃ。死することを決して恐れてはならぬ。

この現世がすべて、と思う気持ちはわかる。そうでなければ、誰も生きようともせぬであろう。

しかし、死を迎えたときには、胸を張って死と向き合うべきじゃ。

そして、現世の者たちの動機は、はじめは愛であっても、どんどん利己的になってくる。

この臓器移植も普及すれば、金のある者が助かり、そうでない者は助からぬ、ということが出てくる。

そこでまた、ぬしらは、移植できれば幸せ、できなければ不幸、という見方をしていってしまうのじゃ。

たましいの目的にかなわない延命や、臓器移植は不毛。
その是非は、この世のものさしでは計れない

苦しみから解放されるための安楽死についてはどう思われますか。

安楽死という問題。これも動機次第なのじゃ。

基本的には、安楽死は自殺と同じ。

どのように苦しみがあったとしても、そう長くは生きれぬのじゃ。ならば、安楽死を選ぶ必要などあろうか。

死を目前にし、苦しみ多いゆえ死を早めるということが、なぜ正しいと思えるのであろう。ぬしらは、なぜ苦しみを味わうことを避け、そして死を早めたいと願うのか。

必ず迎えは来る。そして死したときに、必ず安らぎは得られるのじゃ。終わりなき苦しみはない。何一つないのじゃ。

なぜならば、肉体の「死」があるからじゃ。現世《うつしよ》での終わりなき苦しみは、誰一人にもないのじゃ。どのように生き延びたとしても、必ず最期が来る。

となれば、安楽死する必要もないのじゃ。

それよりも、定められたときの最後の最後まで力をふりしぼり、味わって死すること。それが、「生きたことへの感謝」なのじゃ。

それを、なぜ早めねばならぬのか。一人で苦しまねばならぬからじゃ。むしろ、その孤独のほうが問題なのじゃ。

さまざまな安らぎを得ることは物質的にもできる。緩和療法じゃ。緩和処置をとればいいのじゃ。

人が人として生き、死ぬ。その死に、安楽死を望まねばならぬという寂しさ。この悲しみを知るべきじゃ。

あとは、人の愛を受けとめられぬ患者の心、愛を与えられぬ周囲の心、これにも問題があるわけじゃ。

同じたった一つの病でも、一人で苦しむのと、見守りがあり苦しむのとでは、苦しむ度合いが違う。分かち合うことにより、苦しみは半減するのじゃ。

そして、患者の苦しみがわかっているゆえに安楽死を勧める周囲の者たちの心も、わしは冷たいと思う。苦しみがないほうが幸せと思うのは、あまりに物質主義的じゃ。苦しみを分かち合おうとはしない。

つまり、愛なきところに安楽死がある。

と同時に、愛なきところに延命があるのじゃ。

なぜ延命に愛がないのか。少しでも、寝たままでも生き延びてほしいという、これもまた物質的な、すがる思いであるからじゃ。

それでは、患者をまこと愛しているとは思えぬ。「旅立つことを見送れる愛」が、必要なのじゃ。

また、患者の側からの延命は、生への惜《お》しみ。それはみずからが望むであるならば、やれる範囲ですればよい。

しかし、終わるときは終わるのじゃ。ゆえ、死を目前にしたときに、そう延命を望まぬような生き方が、普段からできているほうがよいのじゃ。

大切なのは、医療的にさまざまな手段があるが、そのどれもが良い、悪いと単純に決められるものではないということ。そのなかで、どのような「経験」をするかなのじゃ。

安楽死そのものよりも、それを望まねばならない孤独のほうに、問題がある

寿命が変えられないものだとすれば、臓器移植での延命や事故で一命をとりとめた人は、はじめからそうと決まっていたのですか。

同じ病でも、治癒《ちゆ》や延命に成功する者もあろう、生き延びられぬ者もあろう。それはなぜか。

ときにこの現世《うつしよ》において、若いたましいが病を得る。その者が生き長らえながら、たくさんの経験をしたいという思いをもち、そしてそれを支えようという周囲の愛がある。それにより、ときに延命が成功することもあろう。

しかしそれらは、実は生きるように決められているものなのじゃ。残念であるがな。

死に直面して臓器移植をし、それがために延命できたと思うてはならぬ。死の時は実は決められていて、まだその時期ではなかったというだけのことじゃ。

その者の人生には、いわゆるぬしらのいう「プロセス」のなかで、臓器移植なりをして、または病の克服をして、生きるということに対してより慎重になるような

「学び」が用意されている。いわゆる、ぬしらのいう「カリキュラム」というものがあるのじゃ。

そして、臓器移植をしても助からぬ者は、それが定められた寿命なのじゃ。ぬしらのしていることは、いわば、実に虚《むな》しいことなのじゃ。摂理には逆らうことができぬのじゃ。延命したいと思う傲慢《ごうまん》さ、またはできたと思う傲慢さは、いかんのじゃ。

また、飛行機事故などで助かる者もいる。そのような者を、ぬしらは「奇跡的に助かった」と申す。

しかしそれも、まだ寿命ではなかったということなのじゃ。死なぬ者は死なぬのじゃ。助かるようになっているのじゃ。

生き延びられた者は、「幸運にも」生きられたのではなく、そのように定められていたわけじゃ。

そしてまた、生きていく、という経験をするのじゃ。そのなかで、みずからが「助かった」ということをバネに生きねばならぬのじゃ。

その人生の要所、要所には、ぬしら現世の者では測れぬ演出がある。

ゆえ、ぬしらにはややこしいやもしれぬが、ぬしらが味わうことすべてには意味があり、偶然ということはなく、必然なのじゃ。

ぬしらにとって一番大切なのは、なにごとをも意味を知り、受け容《い》れるということなのじゃ。

受け容れることにもがきをもてば、それはたましいの歪《ゆが》みになり、人生を寂しいものにしてしまうのじゃ。


命は偶然に助かるということはない。

すべては、はじめから決められていた必然

寿命とわかっていても、子どもが幼くして亡くなれば諦《あきら》めきれない遺族は多いと思いますが。

人の寿命は、生まれ出《い》ずるときにすでに定められておる。それぞれのたましいが、みずからの学びのなかで、必要とされる時を決めておるのじゃ。

たとえそれが一日であっても、定めてくるのじゃ。三歳《みとせ》であっても、すべては定めてまいるのじゃ。

この現世《うつしよ》の者みなに共通する学びは、傲慢《ごうまん》さと申した。では、その傲慢さを知るために何があるかといえば、感動があるのじゃ。

感動とは、感ずること。感じ、動く、ことなのじゃ。喜ぶも、涙するも、苦しむも、怒るも、すべてが感じ、動く感動なのじゃ。

ということは、生きるというううえで大切なことは、感動することなのじゃ。

その感動の仕方と寿命には、密接な関わりがある。

たとえ一日で終わったとしても、そこに大いなる感動はあるのじゃ。

みずからが得る感動は、たとえ赤子であっても、たましいで理解する。誕生のときに取り上げてもらう感動、死するときに遺体にすがって泣かれる愛の感動、または、親となる者に対し与える感動。

まこと、人の世は切磋琢磨《せっさたくま》。

みずからが「生きる」ということは、たましいすべてに対し「与える」という行為に、自然とつながっておるのじゃ。

もちろん、長く生きれば、長く生きる感動がある。面倒や苦労をかける感動もあろう。

与え、与えられ、いかなる感動をみずからが望み、また求めるかにより、それぞれが寿命を決めてきておる。

物質界のなかでは、長く生きれば幸せであるというが、はたしてそうであろうか。

それは違う。なぜならば、この現世は闇《やみ》であるからである。

幽世《かくりよ》（霊界）こそがまことであり、光なのじゃ。

人の寿命は、そのたましいが求める「感動」と密接な関わりがある。長く生きれば幸せというものではない

5

自殺や死刑は、たましいの真理にそぐわず何の解決ももたらさない。

みずから命を断《た》つ「自殺」は、動機にかかわらずいけないことなのでしょうか。

寿命は、現世《うつしょ》の者たちには定められぬ。ゆえ、自殺は誤りじゃ。寿命のなかに自殺はない。しかし、自殺にも段階はある。

一つには、いわば、「みずからの弱さゆえの自殺」。

また、「ゆるやかな自殺」もある。

この世の中をつくっている者たちすべてが、今、「ゆるやかな自殺」に向かっている。たとえば、ぬしらの星（地球）の環境の悪化。すべてがそうじゃ。

そしてまた、「人類の因果《いんが》による自殺」もある。わしらの時代にあった無念の切腹など、道義のために死ぬ者もあるわけじゃ。これは、みずからがもって選ぶ死ではないのじゃ。しかし、これも自殺。

自殺というても、さまざまじゃ。

いわば、死に方ではないのじゃ。そのたましいの意識が問題なのじゃ。

道義をもって死んだ者を、弱さゆえの自殺と同じ自殺として扱うことはできぬ。

今申したなかで、一番罪の重いのは、みずからの弱さゆえの自殺じゃ。今の時代は、道義というよりも、これが一番多かろう。

失うことの恐れ、恐怖、弱さのためもがき、物質欲に苦しむ。そして、それがあまりにも強力な悪の力となり、そこからまた脅《おびや》かされる弱者、逃避する弱者が生まれる。それがぬしらの世じゃ。

自殺する者は、死んだら死ねると思うから自殺するわけじゃ。

しかし、たましいは永遠。みずからの手で、みずからを終えることはできぬ。

そしてまた、幽世《かくりよ》を信じて自殺する者もいる。
いずれにしても、みずからの定めた学びを途中で放棄すること、その罪は重い。

自殺による死は寿命とはいえず、誤った行い。
そのなかでも、みずからの弱さによる自殺は罪が重い

自殺によりみずからの学びを放棄したら、たましいはどうなるのでしょうか。

今の世の自殺者に多いのは、「死して人は死なず」を知ることなく自殺に挑む者じゃ。

実は自殺者には、死してから、生きる以上の苦しみがある。

死んだところで、その呪縛《じゅばく》が解《と》けぬからじゃ。死んでも続行するだけじゃ。いわば、肉体をもって続行するのと（現界）、肉体をもたず続行すること（幽現界）の違い。

しかし、肉体をもたずして続行することのほうが、よほど苦難じゃ。

なぜならば、現世《うつしよ》に生きられる限りは、訂正も山ほどできる。

しかし自殺すれば、自殺した時点で、いつまでも呪縛される。いわば進歩が遅れるのじゃ。

苦難より逃《のが》れたければ、生き抜くことなのじゃ。逃れたければ、みずからのたましいのあり方を変えるべきなのじゃ。

そして、それらの自殺者のたましいたちがさまよい、死にたいと思う者にまた憑依《ひょうい》をし、新たなる自殺者を呼び込んでいくのじゃ。現世の盛り場で呼び止められて、フラフラと入っていくのと同じこと。憑依を受けた者は、甘美な誘惑に誘われて、死へと向かってゆく。

しかし、そのあとにあるのは、苦しみのみなのじゃ。

自殺するほどならば、路上で生き長らえたほうがずっと立派じゃ。

なぜならば、「生きる」ことに意義があるわけであるから。

自殺により、苦しみは生きていたときより重くなる。苦しみから逃れたければ、とことん生き抜くことが大事

たましいの視点から見て、死刑はどうとらえられますか。間違っていませんか。

死刑をするべきではない。

先にわしは、人はいたずらに延命をしたところで、まことの幸せにはならぬ、といった。死ぬたましいを解放してやれぬわけだから。

また逆に、人が人の寿命を縮める権利もない。

ゆえ、死刑はいわば殺人じゃ。

殺人を犯した者を殺人してよいという掟《おきて》はない。少なくとも、たましいの掟にはない。それは、たましいの真理にはそぐわぬ。

なぜならば、憎しみを憎しみとして返したところで、何の得もないからじゃ。それらのたましいが死して怨念《おんねん》として残るだけ、無意味じゃ。

また他のたましいに憑依《ひょうい》をし、殺人などをくり返す。憎しみを憎しみとして返したところで、そのたましいはより憎しみを増し、世を憎しみの世としてゆくだけじゃ。

まるで、ぬしらの世にあるゴミと同じ。葬《ほうむ》っただけなのじゃ。ぬしらは、目には見えぬからよいのやもしれぬが、しかしそのあとのことを何も考えぬゆえ、すべてを破壊し、みずからの首を絞《し》めていっているのじゃ。ぬしらがまことのたましいの楽園、改善を望んではおらぬ証《あかし》。いわば、邪魔なものを放棄しただけ。

死刑は、邪魔なものを放棄しただけなのじゃ。しかしゴミと違うは、たましいは、みずからの存在意識をもっておる。となれば、それらの憎しみ、恨《うら》みが増すわけじゃ。

人に恨まれ、憎まれて死する者の孤独と苦しみは大きい。なぜならば、ぬしらは「殺人鬼」などと呼ぶが、その殺人鬼になりたい者は誰もおらぬのじゃ。

なかには、もともと病《や》んでいるような者もある。だが、おおよその者は、それらの経験を通し、学ぼうとしているたましいじゃ。

または、いわば天使のようなたましいでありながら、その生まれ育った過酷な環境で、みずからの心が殺され、そして人を殺《あや》めてしまう者もあるわけじゃ。

殺人を犯す者は、およそそれ以前に、みずからのたましいが殺められているのじゃ。みずからのたましいが殺されたことにより、その苦しみを現実的な殺人として起こすことが多いのじゃ。

殺人という現象、いわば罪ばかりをみなが取り沙汰《ざた》するが、その罪に至るまでの、その者のたましいの流れについては、誰も見ようとはせぬ。

よほど特異な事件が起きたときのみ、それらの流れを深く見つめたりもするが、そうでもない限り、ただ「人を殺めた者は悪人」となる。

それまでの孤独、苦しみは誰も見はしない。

それを殺人で返すならば、「目には目を」ということじゃ。

もし「目には目を」が正しいとするならば、ぬしら誰もが殺人を犯していなくても、みずからのあり方にみずからが罰を与えて生きてゆくべきであろう。

みずからに対しても「目には目を」とせねば、おかしいのじゃ。

人を処刑で殺めることにより、何一つ片づくことはない。憎しみのなかで殺められたたましいが、また憑依をくり返すだけじゃ。

憎しみには、愛を返さねばならぬのじゃ。

ぬしら、この世に生きる者は、みな類魂《るいこん》という広い意味での霊的家族じゃ。

ぬしの家族が家族の一人を殺めたとしたら、その家族に死刑を宣告できるであろうか。

死刑はたましいの真理にそぐわない。憎しみには愛を返すべき

第３章

メッセージの真実

この世とあの世、二つの世界をつなぐもの

私たちは、あの世を自分の目で見たことがないのに、
先祖を供養《くよう》し、神なる存在に祈ります。
そうした思いや祈りは、どこかに届いているのでしょうか。
また、私たちは、ときどき不思議な夢を見たり、
突然にインスピレーションが湧《わ》いたりします。
その正体は何なのでしょうか。そもそも、
この昌清霊《まさきよれい》のメッセージは、どこから、何のために、
もたらされているのでしょう。この世とあの世は、
どういうふうにつながっているのでしょうか。

1

供養は「かたち」ではない。死者のたましいが感応するのは「愛」だけ。

家族や知人が亡くなったとき、どのようにたましいを見送ったらよいのでしょうか。

人を見送るときに必要な心構えとは何か。
その前に、ぬしらに問う。
人はなぜ、美しいものに感動するのであろうか。
美しい音《ね》を聴いたり、美しいものを見たり、人と人との美しい関わりを見聞きし感動するは、なぜであるか。

それは、そこに愛を見るからである。愛、すなわち「神」を見るからじゃ。

神とは、美。ゆえ感応し、涙するのじゃ。美しいものを見聞きして涙する意味は、そこなのじゃ。

人は感応により生きるもの。

特に、たましいは、ただ感応のみなのじゃ。

ぬしらの現世《うつしよ》での知恵は、知恵でしかない。

しかし、ぬしらのたましいには、どのような者であろうとも、たとえ堅物《かたぶつ》であろうが偏屈《へんくつ》であろうが、「神我《しんが》」（自分自身に宿る神性）が宿っており、その神我は、涙するほどの感動を得ることができるのじゃ。

なぜならば、感応するからじゃ。

何に感応するかといえば、愛じゃ。

人を見送るときの心構えなど、ただこれだけにござる。

みずからもいずれ逝《い》く。そしてそれはすなわち解放である。

死別など、「たましい帰《き》する」、それだけであるのじゃ。

たましいは愛に感応する。
あの世へ人を見送るときに必要なのは、　ただ愛のみ

親しかった人、身近な人であるほど死別はつらいものです。

追いすがるは間違いである。

追いすがるよりも、感謝することじゃ。

何に感謝するか。

その者が、ぬしとともに経験を積むなかで、いかにぬしに教えを与えてくれ、学び合うことができたかじゃ。

そして、その者の死により、ぬしにみずからの死をも見つめさせてくれたことに、感謝をするべきなのじゃ。

人の生き死にを見るということ、または見なければならないということは、みずからのたましいの学びとして必要ということじゃ。

みずからの目に映る一切は、みずからへの助言であるとしてとらえるべし。

人は、必要なきことを目にすることはない。

なぜならば、すべてが必然であるからじゃ。

身近な人の死は悲しいものだが、追いすがるより、その人の生き死にが、自分に与えてくれた学びに感謝を

葬式、墓、仏壇などに意味はあるのでしょうか。供養《くよう》はたましいにとって必要ですか。

意味はある。

しかし、なくともよいことじゃ。

では、たとえば葬式にはどういう意味があるか。「訣別《けつべつ》の意」をお互いに決するのじゃ。

先に申したように、未練というものは、みなもつものじゃ。

しかし葬式というものを見ることにより、たましいは、もはや「戻れぬ身である」という自覚を得る。葬式はそのために最適なのじゃ。

もちろん、潔《いさぎよ》く死んだ者には、その意味はない。断たねばならぬほどの未練が、すでにないからじゃ。

仏壇に日頃、供《そな》えをするのも、意味はあって、ない。

自立したたましい、いわば大人のたましいであるならば、墓も葬式も仏壇も、なくとも悲しきことでもない。

喜びの世界へ、ただひたるだけじゃ。

「供養《くよう》する者がないたましいは気の毒」と思うは、いわば現世《うつしよ》の者たちの傲慢《ごうまん》なのじゃ。現世が天国と思うておるゆえ、そう思うのじゃ。

さまよえるたましいたちにしてみれば、愛に飢《う》えておるゆえに、供養の喜びが欲しかろう。その場合は意味があろう。

しかし、わしなど何の供養も必要なく、欲しくもない。


たましいは自分の葬式を見て、この世への未練を断つ。

だが、自立したたましいには供養は必要ない

2 私たち一人一人が霊界とつながっている。感性があれば「通信」を受け取れる。

宗教に「あの世の真実」を求めることはできますか。信仰とは何ですか。

宗教とはいかなるものか。
まず、宗教と、ぬしらの世にある宗教団体は違う。
本来の宗教には、かたちなどないのじゃ。いわば「信仰」のみ。
では、この信仰は、いつより始まったのか。

この現世《うつしよ》が始まる前からあるのじゃ。
なぜならば、幽世《かくりよ》（霊界）こそ、信仰の世界の源《みなもと》であるからじゃ。
それは、経《きよう》を読む、線香を手向《たむ》けるの信仰にあらず。
すべては波動によるつながりにより、営《いとな》まれているということじゃ。
どの者であっても、霊界のたましいとのつながりがあって、現世に生きる。
つまり信仰とは、その思いを少しでも受けようとすることなのじゃ。

本来の宗教とは、かたちはなく「信仰」のみ。
信仰とは、霊界とのつながりを感受すること

今の世にある組織化した宗教は、本来の宗教とはだいぶかけ離れてしまっていますね。

今の現世《うつしょ》にある宗教とは、今の世でいう歴史上の霊媒たちが、創《つく》り上げてきたものじゃ。

さまざまなる、今、聖人といわれている者たちが、もがき苦しみながら生きる現世《うつしょ》のなかで、さまざまな方便、教えを説《と》いた。そして、それを人の群れとなしただけのことなのじゃ。

しかし、宗教を霊界と同一視してもらっては困る。なぜならば、霊界の「模写」が宗教であるからじゃ。

あくまでも模写。模写は現物にあらず。霊界を模写したものが宗教じゃ。

ゆえ、違い、ズレもある。

もとたるもの、つまり霊界が先であり、模写は描く実体があるゆえできることなのじゃ。

宗教のもともとの姿、先の話にあった「信仰」に立てば、すべての者たちがみずからのたましいでもって、霊界の言葉に耳を傾けられればいいのじゃ。となれば、今の世にあるような宗教など要《い》らぬ。

個々のあり方が、いわば宗教となるからじゃ。

しかし、物質の目、欲によって群れをなせば、現世の宗教団体ともなる。そのような者たちを、語る意味も必要もない。なぜならば、霊界においては現《うつし》世《よ》の宗教に対して、宗教だからといって特別視はしておらぬからじゃ。霊界は、現世的な宗教事業に興味はないのじゃ。

たましいと霊界とのつながりは、いつの世にも、ぬしら一人一人にある。それを確認する、たましいがあればよいだけじゃ。

この世の宗教は、霊界の「模写」にすぎない。「信仰」とは本来、一人一人のたましいのあり方

この世の人間なのに「神」を名乗る人がいますが、それは間違いなのですね。

神がこの現世《うつしょ》に降りるなど、ありえぬ。
もちろん、ぬしら一人一人が、突き詰めれば「神」の一部である。
ゆえ、この現世のすべての者が、神といえば神。
「神」と名乗る者がいても、それはごもっとも、ともいえる。
正しきことである。
しかし、「唯一の神」だというならば、それは偽《いつわ》りとしかいいようがない。

私たち一人一人が、みな神の一部分。
しかし、「唯一の神」が人間に宿ることはない

地球上には多くの宗教があり、異なる神を信じる者同士が戦ったりしています。


調和そのものである神は、一つである。

どのような宗教によっても、分かつこともできぬ。

習慣の異なる国であろうが、異なる宗教であろうが、それにより、神を分かつことはない。

すべてのもとは同じ神。

争うは間違いじゃ。


神の調和はただ一つであり、国や宗教の違いにより、それを分かつことはできない

私たちが神社やお寺、教会でまたは、眠る前にする「祈り」は、神様に届いていますか。

残念ながら、神には届かぬ。

なぜならば、ぬしらの祈りの波動は、とうてい霊界の高級霊にはつながらぬのじゃ。

我欲《がよく》などが混在するぬしらの波動は、霊界には届かぬ。

ほとんどの祈りは、どの者たちもみな同じく、その者の、いわばぬしらの言葉でいう「守護霊」たちに届くのじゃ。

それより先の次元に、ぬしらの祈りを届ける必要があらば、その守護霊たちが届けることとなろう。

しかし、そのほとんどは届かぬ。

祈る心を無視しておるわけではない。届けられぬには、届けられぬ理由があるのじゃ。そうしても、ぬしら自身の学びとならぬということじゃ。

祈るときは、まことに神の心に通る祈りをするべきなのじゃ。

たとえば、世界の平和を願う祈り。それはよろしい。

しかしそれも方便、免罪符《めんざいふ》であってはいけないのじゃ。

なぜならば、まことにそう思うておれば、祈る必要もあろうか。

日頃よりそのような暮らし、行動があるはずであろう。

とならば、ぬしらの日頃の言葉も、思いも、行為も、すべてが祈りでなければならないわけじゃ。

もちろん、手を合わせて念じる祈りは尊《とうと》いことじゃ。

しかし、みずからの日頃の思いにも、言葉にも、行動にも、つねに祈りがなければならない。

それが究極の祈り。

それが、「まこと」であろう。


私たちの日頃の思い、言葉、行動のすべてが「祈り」そのものでなければならない

「夢」とは何ですか。なぜ、私たちは正夢《まさゆめ》や不思議な夢を見るのでしょうか。

ぬしらの呼ぶ「夢」。これは二つに分けられる。

あくまでも夢にすぎない「夢」。

そして、霊的な「通信」。この二つじゃ。

まずは、後者の「通信」からまいろう。

ぬしらがいう「正夢《まさゆめ》」、そして、幽世《かくりよ》の者からお告げを受けるような「霊夢」。

これらは、ぬしらにしてみれば夢やもしれぬが、実は夢ではない。

「通信」なのじゃ。

たとえば、眠りのなかで、未来の何かの事象を目にする。これは「予知」という通信じゃ。何らかの誰かがそれらの「通信」を送っているのじゃ。

人は眠りのなかで必ず、肉体を休ませながら幽体は離脱し、そして幽世に帰るのじゃ。人が眠りという状態にあるときは、霊体、幽体が生きているのじゃ。

そのときぬしらは、幽世のたましいともっとも通じやすい状態、いわば「霊媒」となっているわけじゃ。

そのときにたましいの見た事象、経験を、つながっている肉体、いわばその脳が感知し、記憶する。これを「霊夢」というのじゃ。

しかし、幽体という霊的な身体が目にしたことを肉体の脳が判断すると、大きな誤差を生ずる。それは理解するべきじゃ。「おかしな夢」を見るのは、それがためじゃ。

もちろん、それらの霊夢のなかには大きな通信、いわばぬしらの思う「メッセージ」というものも含まれる。

それらの重要なことがらは、今申したように、肉体の脳に伝達され、記憶されることもある。

しかし、脳としての記憶に刻《きざ》まれずに、たましいのみに刻まれることもある。となれば、重要なことがらが、自覚としてぬしらに備わっていることになるのじゃ。

ゆえ、霊夢を覚えていなくても、何かを判断するときに、自然と迷わず何かを選択したりすることもできるのじゃ。

そして、先に申した前者の夢。あくまでも夢にすぎない夢じゃ。

これは、その逆。肉体のほうからたましいへ伝達していることがあり、それを夢として見ることがあるのじゃ。

蒸《む》し暑い夜に寝ていて、首を絞《し》められる夢などが、それといえる。喉《のど》が渇《かわ》いていれば、水を飲む夢を見ることもあろう。

しかしそれも、そのときそのときによって違うわけじゃ。

それはこうと一つに決められることではない。

睡眠中は誰もが霊媒に近い状態になり、あの世からの霊的な「通信」を、夢として見ている

いわゆる「虫の知らせ」や「第六感」、これらはいったい、どこからもたらされるものなのでしょう。

なぜ人は、みなが霊媒のように霊的な通信を得られないか。

それは、幽体、霊体よりも肉体のほうが強く、勝《まさ》って生きているからなのじゃ。だが幽体、霊体のほうが強く生きておる者は、現世《うつしよ》で霊的な通信を、眠りのなか以外でも得ることができるわけじゃ。

ぬしらが「虫の知らせ」や「第六感」と呼んでいるもののなかにも通信がある。たとえば、何となくいやな予感がする。ふと親のことが気になって電話をしてみたら、具合が悪くなっていた——このような経験も、通信によることがある。

しかし今のような話は、霊的な世界からの通信の場合もあれば、現世の者同士の精神的な感応という場合もあるのじゃ。

生きている者から生きている者への感応。ぬしらの言葉でいう「テレパシー」というものじゃ。

今の例でいえば、親が子どもにテレパシーを送っているのじゃ。

「虫の知らせ」や「第六感」には、霊的な通信と、生きている者同士の感応（テレパシー）とがある

3 日々の暮らしのなかに、「自分の生まれてきた目的」は示されている。

自分の歩むべき道、「たましいの学び」のテーマはどうしたら知ることができますか。

それぞれの者のたましいに与えられる学びは、それを映し出す日々の営《いとな》みを見れば、知ることはたやすい。

そもそも現世《うつしよ》に生《あ》れる（生まれる）ということ自体、すでに、そのたましいは学ばねばならぬということにござる。

なぜならば、現世は不自由な世ぞ。

わしも、何も好きこのんでこのように現世に生れる（現れる）ことはない。それほどに、この現世は苦痛じゃ。

この世にある悪《あ》しき想念。その悪しき想念は、みずからのたましいの灰汁《あく》。それらのなかに、それぞれがひたって生きておるわけじゃ。

幽世《かくりよ》においては、その陽《よう》の部分、たましいの本質で生きておるわけじゃ。垢《あか》のなかで生きるは、それはそれは苦しいことぞ。染《し》み抜きのために、人はこの世にいるというてもよかろう。いわば、たましいの染み抜きじゃ。

では、一人一人のお題（テーマ）はいかにして知るか。

人それぞれに、顔かたちからすべて、さまざまな違いがある。また、悩み苦しむこともさまざまあろう。

そのすべてが学びであるゆえ、みずからの学びのお題を知ることは実に簡単じゃ。

ぬしが日々感ずること、そして目に映ることのすべてがお題であるのじゃ。

ぬしの現世に生れてからの人生のなかで起きたすべてのことがらが、みずからのたましいより出《い》ずる学びであったはず。今もそうであろう。

ぬしの人生のお題など、それを語ればよいだけで、何の難しいことでもないのじゃ。難しいことがあるとするならば、それらをお題として受け容《い》れるということ。大切なのは、目に映ること、表れることを、受け容れられるか否《いな》かだけなのじゃ。

日々感じること、目に映ることのなかに、「自分のたましいの学び」のテーマがある

自分の目の前にある現実を受け容《い》れられないことも多いのですが。

それらを受け容《い》れられるようになるか否《いな》かの秤《はかり》は、ただ一つ。

何に怯《おび》え生きておるかじゃ。

どの者においても、失う不安がある。お題を受け容れられぬのは、平安なきたましいであるゆえじゃ。

受け容れぬという傲慢《ごうまん》さは、なぜ出《い》ずるか。弱さじゃ。

となならば、その者の弱さはどこにあるか。どのようにその弱さを助けてやればよいか。またはどのように愛、すなわち神に目覚めさせるか。神の光をどのように補充してやればよいか。

みなが平安、愛に満ちるということは、神の心で生きるということ。

それができたとき、目に映るすべての苦難を喜んで受け容れられる。

孤独、寂しさ、弱さ、不安。これらが、すべての前向きなる心を阻《はば》むのじゃ。

失うことへの不安を捨てれば、人はどんな苦難も受け容れ、学びにできる

それでも、あまりにもつらい試練があると、人はそれを受け容《い》れられず、「神も仏もない」という気持ちになります

現世《うつしよ》の者たちは、無意味にもがき、苦しみ、嘆《なげ》き、あえいで生きておる。だが、それには何の得もないのじゃ。ただただ、たましいが曇《くも》ってゆくだけなのじゃ。

いたずらに、悩み、苦しむ。もがき、あえぐ。これらは、大御霊達《おおみたまどち》、すなわち神が与えているものではないのじゃ。

現世の者たち誰もがもがき苦しむは、すべてはみずからのたましいの未熟さ、傲《ごう》慢《まん》さゆえじゃ。

大御霊達が与えておることは、たましいそれぞれのお題、目的だけじゃ。だのに人は、わざわざ好んで、もがき、苦しみ、あえぐのじゃ。

まこと、ご苦労なことじゃ。

人は、生まれてきた目的のままに生きればよいだけなのじゃ。

どのたましいも同じ。
生まれ出《い》でた目的を、ただ歩めばよいだけじゃ。

類魂が人（分霊）に与えるのは、苦しみではなくテーマだけ。それなのに人は、傲慢さから、もがき苦しむ

「たましいの目的」以上のことを求め、自分以外の者になろうとするから、人は苦しむのでしょうか。

おのれの生まれ出《い》でたたましいのお題。

これは「おのれの身《み》の丈《たけ》」ともいえる。

でも人はなぜ、身の丈以上のことを求むるのであろうか。

これもすべて同じなのじゃ。

わが身の丈を見ること、知ることに、恐れをもつのじゃ。そして、わが身、わがたましいを愛せぬ心が、身の丈以上のことがらを求むる。

ぬしらが申す身の丈は、物質にすぎぬことが多いのじゃ。物質の身の丈以上を、つねに求めてあえいでいる。

身の丈を見られることの恐れ。それ以下に見られることの恐れ。

すべては物質的な視点なのじゃ。たましいの視点ではない。

物質の身の丈とは、この物質界のなかで物質的価値観が満足ゆくような暮らし。

すなわち、物質に取り囲まれる暮らし。人があがめる地位、名誉。これらすべてが物質の身の丈なのじゃ。

物質における身の丈は、どのような手を使ってでも、その念力あらば誰でも得ることができる。

しかしこれは、みずからの、まことの身の丈、たましいの身の丈を見ておるわけではない。

たましいの身の丈を知ることはできぬのじゃ。

孤独、不安ゆえ、みな物質の身の丈以上を目指すのじゃ。

人は孤独や不安感から、物質的価値観での自分の身の丈以上を求める

「たましいの身《み》の丈《たけ》」の向上こそ、私たちがこの世で本当に目指すべき、ということですか。

さよう。

しかし現世《うつしよ》において、みずからの、たましいの身《み》の丈《たけ》以上を求むる者は、実に少ない。

たましいの身の丈を、みずから生まれもった以上に求める心には、なかなかなれぬもの。だがわしは、そのような者たちに、つねに相対したいものじゃ。

ぬしらは、たましいの身の丈の向上を求め、安心して生きればいいのじゃ。

なぜならば、人には、みずからのたましいの身の丈以上の苦しみもない。

人はときに、それぞれを守護する類魂《るいこん》たちにより、おもちゃを与えられた赤子のようにあやされることばかりじゃ。

どの者に対しても類魂の見守りあって、つねにあやされたり、いさめられたりしておる。

ただ、ぬしらがそれを、肌身で感じられぬだけなのじゃ。

私たちはいつも、類魂に見守られている。
だから、たましいの向上に励み、安心して生きよ

4 あの世とこの世は、光と影の関係。この世はみずからの影を見つめ、光に気づく場所。

私たちが生きている「この世」と死後の世界である「あの世」。二つはどういう関係にあるのでしょうか。

この現世《うつしよ》は影、闇《やみ》なのじゃ。
そして、その表は光、幽世《かくりよ》じゃ。
幽世（霊界）こそ光。現世は影。この現世はまさに影の世なのじゃ。
どの者においても、どのたましいにおいても、影、影、影があるのじゃ。

それぞれのたましいが、みずからの影を、これでもかといわれるがばかりに見るのが、現世の定めなのじゃ。

しかし忘れてならぬのは、どの影もその奥には光あり。光があるからこそ影があるわけであるから。

光こそ真理。

ゆえ、影を見つめ、誤りを正して浄化させるのが、ぬしらの光としての生き方じゃ。そのために、この現世があるのじゃ。

この現世において、ぬしらはその影を消し、徳をもちて生きる。それがための現世じゃ。

平《ひら》たく申すならば、この現世は、みずからの影を見ることにより、みずからの光に、より気がついていくところなのじゃ。

逆にまた、みずからの光に気づくことは、影をなくしていくということにもつながる。

この世は影の世界、あの世は光の世界。
この世はみずからの影を見つめ、光に気づく場所

私たちがこの世で見つめる「みずからの影」というもの。その正体は何ですか。

すべての者についてあてはまる言葉は、「傲慢《ごうまん》さ」じゃ。すべての者が影を担《にな》い、この影の世にまいる。

では、その影とは何かを一言で申せば、傲慢さなのじゃ。傲慢さは影に等しい。どのように影がないと思うても、影はある。日のもとには必ず影ができるのじゃ。

人はなぜ苦しむのであろうか。なぜ恐れるのであろうか。

それは、みずからに影、「こうでなければならぬ」という傲慢さがあるからじゃ。この現世《うつしよ》のなかの苦しみは、すべて傲慢で片づくのじゃ。

生活が苦しい、お金が欲しい。あるいは名誉が欲しい、地位が欲しい。おのれがおのれのたましい以上を求め、どうもがいたとしても、ならぬものはならぬ。ゆえ、あがくもがくは傲慢さゆえなのじゃ。

みずからのたましいが生まれ持ったわざを、ただただそれを表現して生きれば、これすなわち安らぎであり、平安であり、幸せであるということなのじゃ。

なのになぜ、人はみずからの身《み》の丈《たけ》以上になろうとして苦しむのか。

それがいわば、「失うことの恐れ」なのじゃ。

すべての苦しみは、一言で申せば「恐れ」じゃ。誰もが、失うことの恐れ、逆に申せば守る恐れ。そのなかでひたすら逃げまわり、もがき苦しみ、生きておる。

恐れを捨てることじゃ。おのれの影を見ることにより、恐れる必要は何一つない。

そのことを申すために、わしはこうして現世に生《あ》れているようなもの。ぬしらの傲慢さを魔法でかなえるためではない。

わしはこの現世に生れて、みなの傲慢さを満たそうとしているのではないことを、今、明言しておく。

ぬしらが失うことの恐れから解放され、安堵《あんど》、安らぎを得ることのために、現世に生れておるのじゃ。

影とは、「こうでなければ」とあがく傲慢さ。
それが、「失うことへの恐れ」や、苦しみを生む

人間同士がお互いを嫌ったりときにぶつかり合ったりするのは、相手の「影」、傲慢《ごうまん》さが見えるせいですか。

ぬしに縁ある誰もが、影を見続けて生きておる。
その影、憎いと思うたら間違いぞ。
その影の表には光があるのじゃ。光なき者はおらぬぞ。
影としてぬしの前に現れたとしても、その者の後ろには光がある。
光が表ぞ。
光に相対して語りかけよ。影と対話するなかれ。
どの影の表にも光あり。光と対話せねばならぬ。
影は醜《みにく》く見えるやもしれぬ。おぞましく見えるやもしれぬ。
しかし、光あっての影じゃ。影を愛することできずして、光は愛せぬ。
光だけを愛そうとするは、子霊《こだま》（子供の魂）でもできることぞ。
影を、みずからのたましいが痛むほどに、愛さねばならぬぞ。

誰もに影があるから、光がある。
相手の影を愛せなければ、光も愛せないはず

この世が「影」の世界であるならば、何とかして変えていかなければならないのでしょうか。

わしは、何一つ変えようとはしておらぬ。

わしがこうして現世《うつしよ》に生《あ》れるは、わしの意志ではない。大御霊達《おおみたまどち》にまことを尽くしておるだけじゃ。それが大御霊達の望むところであるからじゃ。

わしはただ、ぬしらへの安らぎの子守歌を、言霊《ことたま》を通して申しておるだけにござる。その言霊を組み入れるか、組み入れぬかは、それぞれのたましいの思いなのじゃ。

現世を強引に変えようと思うならば、それは大御霊達にまことを尽くしておらぬことになる。

この影の世も、必要ありてあるわけじゃ。無駄《むだ》なるものは一つもない。それを変えようとするは間違いじゃ。この物質界、いわば現世、または影の世に生き、住むゆえに、そのような間違いを思うのじゃ。

わしらは気づきを与えるのみ。まことの言霊をただ告げるのみじゃ。さまざまなもがきのなかで、その言霊に気がつくときが来るわけじゃ。

悟《さと》りとは、そういうものぞ。

一足飛びに大いなる悟りに目覚めることはない。一つ一つを悟ることにより、それらがやがて、大いなる悟りとなるのじゃ。

わしの言霊から、その一つ一つを悟り、みずからの影を小さくしていき、光を見てくれればよいのじゃ。

昌清霊の言葉は、私たちに気づきを与えるためにある。必要あって在るこの世を、強引に変えるためではない

その人のたましいが到達しているレベルにより、「影」に大小の違いはありますか。たましいを理解すれば、「影」は消せるのでしょうか。

個々のたましいの違い。それはたしかにある。

目覚めの段階も、人によりさまざまじゃ。

とはいえ、わしの目から見れば、どの者も大差ないわけじゃ。

しかし、ぬしらのその言葉が、わしにはようわかる。

いわば物質の目によっているのじゃ。そのなかで差別化し、愛なき言葉で語る。

しかし、ほとんど違いはないのじゃ。

現世《うつしよ》ではそのように、すぐに高い、低い、と分けたがる。

たましいを語る者たちのなかにも、高いたましい、低いたましい、などと申す言葉を聞き及ぶ。だが、それだけの差があればよいがなぁ。

なぜならな、たましいのさまざまなことがらに気づく者があったとしても、その傲慢《ごうまん》の影の大きさには違いはないのだぞ。

この現世には、たましいの存在を思うこともなく、むしろ影を強く表しながら、人との関わりも薄く、または嫌われるかのような生き方をしておりながら、そのうちに大いなる善行を果たす者すらいる。

ぬしらは物質的な目線で、美辞麗句《びじれいく》を語り、たましいを理解したとする者を、「たましい高き者」と呼ぶのであろう。だが、たましいの目で見れば違うのじゃ。

高い、低いという言霊《ことたま》こそ、あやしいもの。ことに、たましいを語る者たちに多く好まれておる、段階、レベル、霊性――何度もその類《たぐい》のカスのような言葉を、わしは聞いてきた。

たましいを理解するという者たちほど、よけいにその傲慢さに気がついておらぬ。そういう者たちを、わしはたくさん見かけてきた。

その事実は理解しておくべきじゃな。

影の大きさは、どの人でもほぼ同じ。霊的な知識があれば「たましいが高級」と思うのは傲慢

では、私たちから傲慢《ごうまん》さという「影」を完全になくす道はないのでしょうか。

この世は芋洗《いもあら》い。

傲慢《ごうまん》さと傲慢さがぶつかり、洗われていくわけじゃ。

人は、生まれ出《い》でたときから傲慢。そしていつまでも傲慢じゃ。

傲慢は人の影と同じじゃ。つねづね申すが、人の影と同じじゃ。

日の真下にいたとて、影はあるのじゃ。見えぬように思うだけ。日の真下にあっても影はある。その影と傲慢は等しい。

傲慢をなくす道は、二つ。

一つは、闇《やみ》のなかに身を投ずること。

しかしそれは、いずれ、苦しくあえぐこととなろう。

または、みずからが光を放つもととなるか。

この二つよりほかないのじゃ。

光として生きよ。
神の視点に立つしかない。
神の視点に立てば、すべては明らかになるのじゃ。
心して改めねばならぬのは、物質の目では、決して見ぬということじゃ。

傲慢をなくす道は二つ。
闇のなかに身を投じるか、みずからが光となるか

5 スピリチュアルメッセージは迷子になっている人間たちへの福音。

昌清様《まさきよさま》はなぜ、私たちにこのようなメッセージをもたらしてくださるのでしょうか。

すべては幽世《かくりよ》（霊界）の計《はか》らいより出ずること。

そもそもわしらのような霊言《れいげん》は、その時代その時代において、つねに現世《うつしよ》に生きるたましいたちを導いてまいったわけじゃ。

わしが単独でわしの意を、この現世に表しているわけではない。

すべて大いなる力である大御霊達《おおみたまどち》の意志をもってして、この現世にまいり、今、この言葉があるのじゃ。

わしは今までも、またこれからも、多くの言霊《ことたま》を送ることとなろうが、それらの言霊を通してこの現世を変えようなどとは、一つも思うてはおらぬ。

この現世に生《あ》れるということ自体、苦労、苦労と思うことばかり。しかし、なぜ現世にまいらねばならぬかといえば、それはこの影の世に安堵をもたらすためなのじゃ。

わしが申すことは、すべての現世の視点を変えてしまうことにもなりかねぬ。しかしこれらはただ、わしがわしのたましいでもって感動し、経験を重ねてきたことすべてなのじゃ。

わしがただ、嘘を申すこともなく、みずから得たと思える言霊、それだけを述べているということじゃ。そしてこれらの言霊を、大御霊達がわしに伝えよというているだけ。

それはなぜか。

失うことの恐れ、傲慢《ごうまん》さを解《と》き、現世に安らぎを与えるためじゃ。

ただ、それだけにござる。

ぬしらは安堵して学べ。安堵して生きよ。安堵して感動せよ。

もう一つ、わしがなぜ、わざわざこのように生《あ》れて話さねばならぬかの、大切な理由がある。

それは、わしが「この現世の者でない」ということじゃ。

わしもかつては、この現世に生れ、ぬしらと同じように営《いとな》みがあったのじゃ。

悩み、もがき、苦しみ――そして今、わしはこのようにしておる。その事実をぬしらに与えることが大切ゆえ、このように生れておるわけじゃ。

しかし、その事実より、ぬしらがいかに学ぶか。

すべては現世のたましいたちが、いかに学ぶかじゃ。

昌清霊のメッセージは、神の意志による。その目的は、現世に安らぎをもたらすため

では、昌清様《まさきよさま》ご自身のこの世での感動や経験をお聞かせ願えませんでしょうか。

わしがこの現世《うつしよ》にいた時代。

その記憶は、あるにはある。とうの昔であったが。

遠い遠い過去の話ではあるが、そう遠くない記憶の世でもある。

わしが誰であるかなど、どうでもよいという視点の上で話すが、わしは山城《やましろ》の国にいたことは確かじゃ。

わしの生きた世は、戦《いくさ》、戦、戦。戦がすべての世でござった。

もとはといえば、わしもその戦のなかに生きた者じゃ。武士《もののふ》の世の中にいたわけじゃ。

いわゆる乱世を味わい、そのなかで今のわしのもとたる心、たましいを養ってまいったわけじゃ。わしは行者《ぎょうじゃ》と思われておるが、もともとは行者にあらず。戦の世に生きた者じゃ。

実際に戦もしていた。

人を殺《あや》めることも、したといえばした。していないといえばしていない。なぜそのようにいうかといえば、わしがじかに殺《あや》めたわけでなくとも、同じ世に生きる者は、みな同じ責務があるからじゃ。

そのなかでわしは今のもとを得た。生きる、死ぬ。その乱世にあって、わしは行者となったわけじゃ。

幼きころより武芸一筋であった。京に生きれば当然のこと。大宮（御所）にも仕えてまいった。

しかし、そのすべてを捨てたわけじゃ。わしは世にいう「世捨て人」じゃ。

なぜならば、すべてがはかないということを知ったゆえじゃ。

家族とも別れ、すべての立場、すべて捨てたわけじゃ。誉《ほま》れも立場も、すべて捨てたわけじゃ。それだけに、学び多き世であった。

苦しみはただ、この現世自体がはかないということ。

わしはただの行者にあらず。世を知っておる行者じゃ。世の虚《むな》しさを知る行者じゃ。武士の心も知る行者じゃ。

ゆえ、今の世もわかる。

今の現世にも多くの武士がおる。日々血を流し生きておるわけじゃ。

しかし、今の世は摂理から遠くかけ離れておるゆえ、わしらの乱世以上に乱世ともいえる。

いわば「たましいの乱世」じゃ。


今の昌清霊のもとにあるのは、戦国時代での経験。武士であったが、世の虚しさを知り出家した

江原啓之氏と昌清様《まさきよさま》は、どのような関係にあるのでしょうか。

わしと、この者（江原）との縁は、ただ単に類魂《るいこん》である。

類魂として、ともに学ぶ身である。

その類魂のなかでも、この者は現世《うつしよ》において、個人の人生の学びと霊的真理の普及をするがために、その道をつくり、生まれてきた者。

すべては類魂の計画のなかにあって、その道を歩んでおるわけじゃ。そして、わしもその類魂の一員として関わっておるわけじゃ。

しかしこれは、わし一人の行動ではない。

すべては類魂の働きじゃ。そして、そのまた上の類魂の働きなのじゃ。ただ単に語っている言葉一つも、行動も。

なぜこのようなことを語らねばならぬかといえば、語ることにより、類魂のまた上の類魂の意を伝えておるからじゃ。

ただし類魂は、わしだけに伝えておるのではない。

わしは「中執《と》り持ち」の一人じゃ。他の中執《と》り持ちもおり、他のたましいをもとにして言葉を語ることもある。

そしてわしが、この者に類魂よりの言葉を伝えさせる役目をさせる一方、この者にとっては「それをする立場」としての経験――良きことも悪《あ》しきことも、その上ではあろう――を、そのなかで得ることが大切なのじゃ。

いわば、類魂の目的の役に立ちながら、同時にみずからの経験、学びとするわけじゃ。

しかしそのようなことは、この者に限ったことではない。誰もが同じなのじゃ。

江原啓之と昌清霊は、ともに学ぶ類魂同士。互いに、この「学び」を伝える役目を果たしている

今のような乱れた世の中だからこそ、私たちに「霊訓《れいくん》」というものをもたらしてくださるのですか。

霊言《れいげん》は、古き時代よりあった。

今もなお続いてあり、未来にもあるであろう。

わしの言葉も、その歴史の一片にすぎぬ。

その時代、時代によって、必要な言葉も変わる。

霊言は、各世それぞれにあった。そして人に学びを促《うなが》し、励ましを与え、たましいの歩み、流れを違《たが》うことなく進ませるがためにある。

ところで今、ぬしは、「今のような乱れた世」と申した。これは間違いじゃ。

なぜならば、現世《うつしよ》に「乱れなき世」はありえぬ。乱れがなくなったときには、現世はないからじゃ。必要なくなるからじゃ。

現世がある以上、この現世は乱れておる。

この世は、鏡の世。

この現世のたましいたちの映し鏡が、いわば今の世であるわけじゃ。

この世に励ましを与える霊訓は、その時代、時代によって内容を変えながら、いつの時代にもある

6

地球そのものが「自殺」に向かっている今こそ、悪しき思いを断ち切るとき。

二十一世紀という
大きな節目を迎えた今、
この世に何か大きな異変は起きますか。

ぬしらは、カンナがけをしたことがあるか。

大工の技のように長い木をカンナがけすれば、その途中途中で、ときに気持ちよく流れたり、節にぶつかったり、一本の木を削るにも、こまかな違いがある。

二十一世紀、世紀越えと、ぬしらは騒ぐが、ただそれだけのことぞ。

現世《うつしよ》の者は大きな運命の転換を望むが、わしらの視点から見れば、カンナがけに等しいもの。途中の節目に少しぶつかったぐらい。まるで変化はないのじゃ。同じことのくり返しじゃ。

ただ、お題はある。現世の影のなかにも、さまざまなお題が現れてはいる。影にもさまざまな影があり、そのときそのときで影のお題も少しずつ変えて現してはおる。

しかし影には違いない。

世紀越えなど、木の節目ほどのもの。
特別大きな異変などなく、学びは続いていく

今の世の中をどう思われますか。また、世の中はこれからどうなっていくのでしょう。

今の現世《うつしよ》は、「たましいの乱世」じゃ。

何の秩序もなくなった。みなが迷子《まよいご》となった。

これより先は、何がために生きるか、という目的を失う者ばかりとなるであろう。それはもはや目に見えておる。

今このときも、何がために生きているのか、わからぬままに日々を過ごしておる者たちが多くいる。心より、いや、たましいよりの喜びもなく、日々の糧《かて》を得ることのみに心ふるわせ、喜びなきゆえ、みな死体のような顔をしている。

たましいが不自由なゆえ、この現世の者は、喜怒哀楽《きどあいらく》の表現すらない顔じゃ。つねに苦悩に満ちただけの顔。笑顔を見かけることなど、まこと、ない。あれば、ただ軽薄に映るだけじゃ。

喜びのない世において、いかにして喜びを得るか。

しかし、これより先の現世は、喜びを得るよりも先に、放棄する道ばかりを選ぶであろう。

命の放棄。逃避。

喜びを得ようとする者のほうが少ない。

いわば、諦《あきら》めてしまっているのじゃ。

喜びがなければ、喜びを得るがよい。しかし、その喜びを得る気力もない。

今、現世の者たちがみな、放棄しようという道を歩もうとしているのは、それゆえじゃ。

しかし大切なのは、喜びを得ることなのじゃ。そして、喜びを求めることなのじゃ。

喜びを求める心までもなくしてしまっては、もはや人霊とはいえぬ。

今のこの世は、秩序のない「たましいの乱世」。
しかし、喜びを求めることを放棄してはならない

今の世に生きる私たちが喜びを得て幸せに生きていくには、どうしたらいいのですか。

喜びを得るためには、「捨てる」覚悟も必要なのじゃ。

悪《あ》しき思い、習慣を断《た》たねばならぬ。

今の現世《うつしよ》を守りつつ喜びを得ることは、不可能じゃ。

ぬしらはなかなか「捨てる」ということができぬ。それは、現世をすべてと思うからじゃ。

しかし喜びは、幽世《かくりよ》(霊界)にこそあるのじゃ。現世においても、喜びは幽世なのじゃ。

なぜならば、モノの喜びは長くは持続せぬのじゃ。まことの喜びは心の喜び、幽世の喜び。

愛なき世で、モノだけを守りつつ、喜びは得られぬ。

もちろん、その苦悩のなかで学ぶことは大切じゃ。すべて無駄はない。無意味なことはない。

しかし今、人は学び、幸せ、喜びを得るよりも、それらを放棄する道を選ぼうとしている。

ゆえ今、幽世はこの現世に、声高らかに「まことの道」を申しておるのじゃ。

千年、二千年と、たましいは何の変わりもなく今の世まで来ておる。しかし今、これより先ゆけば、喜びを感じられぬ世となろう。より喜びを捨て、放棄する世になるであろう。

先に申したように「放棄」そして「逃避」といえば、ぬしらは「みずからの死を選ぶ道」ととるやもしれぬ。その通りじゃ。

しかしそれは、現世でいう「自殺」ばかりではない。

いわば、「みずからを殺す道」を選ぶのじゃ。わしがわしの世で経験した「戦《いくさ》」もそうじゃ。

自殺が多くなっているも事実。

ぬしらの環境、悪化しているも事実。

それらも自殺じゃ。政治もそうじゃ。

この地球すべてが、自殺に向かっている。

それは、喜びを捨てているからじゃ。
みずからに喜びなく、みずからのたましい死せる心は、すべてを殺すことができる。
その流れを変えるために、このようにわしが生《あ》れているのじゃ。
いわば霊言《れいげん》は、今の世に対して送り出す、幽世からの福音《ふくいん》なのじゃ。

地球は今、喜びを放棄して「自殺」に向かっている。
あの世からの福音を聞き、モノより愛の喜びを求めよ

あとがき

人は誰しも、「オギャー！」と生まれた瞬間に死の宣告を受けています。早いか遅いかだけの違いで、その「時」は必ず訪れます。富む者も貧しき者も、強き者も弱き者も、誰も死を避けることはできません。死とは誰にとっても身近な「存在」です。

なのに多くの人は、普段「この世」を生きることに必死で、死についてあまり考えていないように見受けられます。

ときに身近な人の死に直面したり、人生の虚《むな》しさを感じたり、またはみずからが病などにあったときになって、ようやく死を考えるのでしょう。

私の人生には、つねに死がつきものでした。なかでも両親の死は、私の人生に大きな影響を与えました。大切な両親を喪《うしな》ったという悲しい思いが、のちのちまで影響したという意味ではありません。それよりも、私の心に絶望という深く暗い影を落としたのは、「人生とは虚しい」という思いでした。

私の父は新潟で生まれ、幼き頃に里子に出されました。身内との縁薄く、孤独に育った人でした。やがて東京に出て、誰に頼ることもなくやっとの思いで自立し、ようやくにしてみずからの家庭を築きました。その幸せもつかの間、三十八歳の若さで「あの世」へと旅立ちました。私が四歳のときでした。

母は三十二歳にして未亡人となり、姉と私を女手で育てねばなりませんでした。この母もまた、苦労の多い人生でした。幼き頃に両親は離婚。その後、自分の母親の再婚相手である継父につらくあたられ、そのうえ、その継父とも死別。子どもの頃から家計を助けるために働き、やがてみずからの家庭を得ても、夫に早々に先立たれたのです。母は私たち姉弟を育てるために働き、四十二歳という若さで「あの世」へ旅立つまで働き通しでした。

この二人の人生を思うと、さぞ無念であったろうと、かつての私はやり場のない怒りをおぼえたものでした。

人がただ「この世」というフィールドのみに生き、死という「無」へと帰結するのみの存在であるなら、間違いなく二人は「不幸」な人生であったはずです。人生は平等ではなく、実に虚しい時にすぎないことになるはずです。

それに、「あの世」がなければ、「この世」に正義など成立しません。なぜなら、正直者はバカをみるからです。

しかし、本当にそのようなものなのでしょうか。

そのときから、私の「あの世」の探求が始まりました。

結論は、「あの世」の生を決定づけるものでした。

けれどもまだ疑問は残りました。それは「あの世」と「この世」の二者の必要性です。なぜ「あの世（この世）」だけでなく「この世（あの世）」も必要なのか。

この解答を得ることは急務でした。でなければ、「この世」での人生の目的を理解できないからです。充実した人生を勝ち得ることが、不可能となってしまうからです。

結果、私の探求は成就しました。

今の私は「あの世」と「この世」の両者の意味を知り、人生の目的を理解しています。それは、十五年に及ぶ昌清霊《まさきよれい》のメッセージのおかげです。

本書はそのほんのわずかな一部にすぎません。しかし、本書の一文であっても、きっとそれは、あなたのたましいに届いたはずです。

今は「まやかし」の通じない時代です。人々が本当に生きることの意味を求めています。ただの教訓や聞こえの良い美談だけでは、その本質、真理にたどりつけません。特に死に直面している人や、その家族、また人生の虚しさに苦しんでいる人にはなおさらです。

本書の作成中、私の母方の祖母が、母の待つ「あの世」へと旅立ちました。父の死を機に働き始めた母に代わって、幼い私を育ててくれた人でした。祖母へ、感謝の心を込めて、本書を捧《ささ》げます。

私自身も「あの世」へ帰るそのときまで「この世」を生き抜きます。なぜなら今、私は、本当の人生の目的を知っているからです。

どのような苦しみ、悲しみも、その意味がわかっているからこそ越えられます。それと同じく、喜びも味わえます。

今、私には、何も恐れはありません。

江原啓之

本書は、２００３年3月、飛鳥新社から単行本で刊行された
『スピリチュアルメッセージⅡ——死することの真理』を文庫化したものです。

祥伝社黄金文庫

スピリチュアルメッセージⅡ
——死《し》することの真理《しんり》

令和4年12月20日　初版第1刷発行

著　者　江《え》原《はら》啓《ひろ》之《ゆき》

発行者　辻　浩明

発行所　祥伝社《しょうでんしゃ》

〒101－8701
東京都千代田区神田神保町3－3
電話　03（3265）2084（編集部）
電話　03（3265）2081（販売部）
電話　03（3265）3622（業務部）
www.shodensha.co.jp

印刷所　萩原印刷

製本所　ナショナル製本

Printed in Japan　© 2022, Hiroyuki Ehara　ISBN978-4-396-31832-1 C0195